S

Alice Vollenweider
Italia!

Unterwegs zu den verborgenen
Schönheiten Italiens

Mit einem Vorwort
von Luigi Malerba

Schöffling & Co.

Sechstes und siebtes Tausend 1999

Satz: Reinhard Amann, Aichstetten
Druck & Bindung: Pustet, Regensburg
ISBN 3-89561-561-7

Inhalt

Vorbemerkung

Die Berichte dieses Italienbuchs sind ohne Plan und Berechnung aus der Freude am Entdecken, Beobachten, Nachfragen, Nachlesen und Berichten entstanden. Die Anlässe waren zufällig: nach Venedig im Winter hat mich ein Kongreß geführt; mein Gemüsehändler hat mir vom fabelhaften Engrosmarkt in Mailand erzählt; über den Friedhof von Genua habe ich in einem Reiseführer gelesen; ins römische Ghetto bin ich beim Einkaufen der unzerbrechlichen Gläser geraten, aus denen bei Natalia Ginzburg der Wein getrunken wurde; in Parma, Modena und Lucca habe ich übernachtet, um die lange Autoreise nach Rom zu unterbrechen. A.V.

Luigi Malerba
Vorwort

Beim Lesen dieser Seiten, die Alice Vollenweider Italien gewidmet hat, kommt sich der italienische Leser indiskret vor, als belausche er, was ein Gast seinen Freunden erzählt, nachdem er einen Abend in seinem Hause verbracht hat. Ein aufmerksamer Gast, der sich an die Marke des Weins, die Bilder an der Wand, die Wendungen des Gesprächs und sogar an die Pflanzen auf der Terrasse erinnert. Wie alle Reisebücher, die sich in erster Linie an ein ausländisches Publikum wenden, zeigt auch diese neue »Italienreise« den italienischen Lesern die Kehrseite (nicht das Gegenteil, wohlverstanden) des Bildes, das wir uns von unserem Lande machen. Ich muß gestehen, daß ich fast immer bestürzt und beschämt bin, wenn ich eine der klassischen »Italienreisen« lese, an denen die europäische Literatur so reich ist. Vor allem, weil ich die beschriebenen Dinge oft nicht kenne, oder schlimmer noch, weil diese Dinge unserer Schlamperei oder unserer Zerstörungswut zum Opfer gefallen sind. Nie habe ich die palermitanischen Villen gesehen, die von der Bauspekulation verschlungen worden sind, niemals habe ich die Hänge des Vesuvs erklettert, ich bin nie in die Katakomben von San Pietro hinabgestiegen, habe das Schloß von

Capodimonte nie besucht und verschweige aus Scham weitere, noch schlimmere Lücken. Ich betrachte Cesare de Setas Essay *L'Italia nello Specchio del Grand Tour* (Italien im Spiegel des Grand Tour) in der bei Einaudi erschienenen *Storia d'Italia* als exemplarisches und unerschöpfliches Verzeichnis meiner Unterlassungen; manchmal blättere ich darin, um plötzlichen Anwandlungen der Selbstkasteiung nachzugeben.

Eine ähnliche Beschämung wiederholt sich nun beim Lesen des Buchs von Alice Vollenweider, einer illustren Zürcherin, die Italien durchstreift, indem sie ihren klugen Eingebungen folgt und sich beim Vergänglichen ebenso aufhält wie bei der Geschichte. Danach vertraut sie uns einen Eindruck oder ein überraschendes Geheimnis an, das mit der Speisekarte einer einfachen Kneipe verknüpft ist oder mit einem berühmten Monument, das wir vom Massentourismus längst verschlissen glaubten. Ich wußte zum Beispiel nicht (ich spreche in der ersten Person, um den gebildeten Leser nicht zu beleidigen), daß der Marmor für den Bau des Mailänder Doms auf Lastkähnen herbeigeschafft wurde, die den Naviglio und die Kanäle bis ins Stadtzentrum durchfuhren. Ich wußte nicht, daß es in der Nähe der ehemaligen großen Baustelle sogar einen kleinen See gab, eine Art kleiner Stadthafen, der lediglich in der Mailänder Toponomastik seine Spuren hinterlassen hat.

Mit gewerkschaftlichem Scharfblick erzählt uns die Dame aus Zürich auch, wie und wann auf dem Großmarkt Früchte und Gemüse verteilt werden und hundert andere italienische Begebenheiten, die sie auf ihrem ganz persönlichen und eigenwilligen »Petit Tour« durch die Halbinsel wahrnimmt. Ungewöhnlich ist, daß sie nicht vorgegebenen Reisewegen folgt, sondern sich dem Zufall anvertraut und mit vollkommener erzählerischer Unbefangenheit von Correggios Domkuppel in Parma zu Kürbistortellini oder einem Aufsatz von Carlo Emilio Gadda übergehen kann.

An dieser Stelle erscheint es ratsam, den Lesern italienischer Sprache ein paar knappe Auskünfte über die Autorin dieses Buches zu geben. Zunächst muß gesagt werden, daß Alice Vollenweider vielleicht die größte Kennerin der italienischen Gegenwartsliteratur ist (aber auch eine Übersetzerin Leopardis), der wir zahlreiche Aufsätze und Übersetzungen verdanken; sie verfügt über bezaubernde Kenntnisse der italienischen Küche und der dazugehörigen Fachsprachen (das Thema ihrer Dissertation war, wie sie im Buch erzählt, *Der Einfluß der italienischen auf die französische Kochkunst im Spiegel der Sprache*), und schließlich gilt es festzuhalten, daß sie sich im Labyrinth der italienischen Politik auskennt und hie und da ihre Leser in der angesehenen und strengen *Neuen Zürcher Zeitung* auch in dieser Hinsicht orientiert.

Daß es Alice Vollenweider geglückt ist, die verschiedenen Themen zu einem Buch zu vereinen, ist ein kleines Montage- und Stilwunder, das der Leser erst am Ende bemerkt – ein gutes Zeichen. Am erstaunlichsten aber ist die Raffinesse, mit der sie Reiseführer-Themen behandelt, ohne je der Banalität zu verfallen. Unter anderem denke ich da an die Seiten, die dem Friedhof von Staglieno in Genua gewidmet sind und zu den glücklichsten des ganzen Buches gehören. Zwischen den Grabstätten der Toten herumstreifend, gelingt es der Autorin, ein erstaunliches Portrait der Lebenden zu zeichnen, die in dieser Stadt wohnen. Der Friedhofsprunk ihrer notorisch sparsamen Bürger ergeht sich in einem Défilé von prächtigen Kleidern, von Hüten, Schuhen, Schleiern, Fransen, Westen, Krawatten, ja sogar von Ohrringen und Uhrkettchen, alles in einem entfesselten, aber strengen marmornen Hyperrealismus. Setzt sich die Friedhofs-Bildhauerei jedoch mit Allegorien und Symbolen auseinander, mit den Personifikationen der Treue, des Ruhms, der Ewigkeit, der Ehrbarkeit, schafft sie Marmorstatuen von sinnlicher Anmut; selbst die Engel zeichnen sich durch ausgesprochen weibliche Züge und Gebärden aus. Begegnet man Frauen mit schmalen Hüften und dichtem Haar, kecken Brüsten und schlanken Beinen, so kann man sicher sein, sagt Alice Vollenweider, daß sie keine Verstorbenen darstellen, sondern Ideen. Dieser Spaziergang durch den Friedhof von Genua zeugt von einem köstlichen schwarzen Humor schweizerischer Prägung, der auf dem Literaturmarkt eher selten ist.

Für Alice ist Italien noch das »Wunderland«, und dies tröstet uns; sie verbindet ihren Optimismus allerdings mit einer totalen Aufmerksamkeit, die auch Freunden wie dem Unterzeichnenden eine gewisse Scheu einflößt. Daß sie sich an ein Abendessen in meiner römischen Wohnung vor rund fünfzehn Jahren erinnert, schmeichelt mir; daß sie sich auch daran erinnert, worüber wann gesprochen wurde, ist eine Tatsache und gleichzeitig eine Warnung für alle. Glauben wir nämlich, endlich einen Winkel, ein

Café oder ein Restaurant abseits der Modeströme gefunden zu haben, und sind wir sicher, unbemerkt zu sein, kann am Tisch nebenan eine Alice sitzen, die uns beobachtet, sich alle unsere Gesten und Wörter einprägt, um uns danach den ausländischen Lesern zu schildern – und zwar nicht so, wie wir gerne erscheinen würden, sondern so, wie wir uns verhalten, wenn wir uns fern von indiskreten Blicken wähnen. Die Indiskretion ist aber nur im Salon tadelnswert: in der Literatur ist sie ein Vorzug.

Orta

Das oberitalienische Städtchen Orta und sein See waren mir lange nur aus der Literatur bekannt. Vor allem durch den berühmten Spaziergang, den Friedrich Nietzsche und die einundzwanzigjährige Lou von Salomé im Mai 1882 zum Sacro Monte von Orta machten. Was auf diesem Spaziergang geschehen ist, erfährt man sehr summarisch aus den Lebenserinnerungen von Lou Andreas-Salomé, die 1951 aus ihrem Nachlaß herausgegeben wurden; dort heißt es: »Wir machten zusammen zwischendurch Station, z. B. in Orta an den oberitalienischen Seen, wo der nebengelegene Monte Sacro uns gefesselt zu haben scheint; wenigstens ergab sich mal eine unbeabsichtigte Kränkung meiner Mutter dadurch, daß Nietzsche und ich auf dem Monte Sacro uns zu lange aufhielten, um sie rechtzeitig abzuholen, was auch Paul Rée, der sie inzwischen unterhielt, sehr übel vermerkte.« In Nietzsches Briefen und Aufzeichnungen gibt es dagegen vereinzelte Hinweise auf die Begegnung von Orta, die einen dramatischen, ja ekstatischen Klang haben: Einmal schreibt er Lou, auf den Spaziergang bezugnehmend: »Den entzückendsten Traum meines Lebens danke ich Ihnen«, und anderswo beklagt er sich darüber, daß er an »Orta-Wetter« leide und daß ihn der Gedanke an jene Stunden verrückt mache. Sicher ist, daß Nietzsches »Lou-Erlebnis« trotz aller Spekulationen seiner Biographen ein Geheimnis geblieben ist, das nur den lichten Laubwald des Monte Sacro zum Zeugen hatte.

Ein anschaulicheres Bild vom Lago d'Orta habe ich dann in den Büchern Gianni Rodaris gefunden, der von 1920 bis 1980 lebte, als ein genialer Geschichtenerzähler, der von den italienischen Eltern genausogern gelesen wird, wie von ihren Kindern. Er stammt aus Omegna am Lago d'Orta und hat dem lieblichen See 1978 ein Denkmal gesetzt, in einem spaßigen und verrückten Märchenroman mit dem Titel *C'era due volte il barone Lamberto* (Den Baron Lamberto gab es zweimal). Auf seinem Umschlag ist ein Farbfoto der Insel San Giulio, die wie ein grünes Floß mit Häusern, Kirchen und Klostergebäuden in der blauen Weite des Sees schwimmt.

Dieses Foto kam mir in den Sinn, als meine Freundin Tina in Locarno mich fragte, ob ich sie nicht an den Lago d'Orta begleiten würde. Ihr Interesse galt allerdings nicht dem Ortasee, sondern der Firma Alessi, die ihren Sitz in Omegna hat. Auch die klassischen Kaffeemaschinen von Bialetti und die eleganten Kochtöpfe von Lagostina werden dort hergestellt. Das erfährt man übrigens auch in der Geschichte vom Baron Lamberto, wo es bei der Beerdigung des Barons heißt: »Natürlich reden die Leute auch über anderes. Während sie dem Sarg folgen, reden die Industriellen von Omegna von Kaffeemaschinen und Mixern, die Hähnefabrikanten von Maurizio d'Opaglio tauschen Informationen über die arabischen Scheichs aus, die eine Partie Hähne aus reinem Gold bestellt haben, die

Regenschirmhersteller von Gignese beklagen sich über den für ihren Geschmack zu trockenen Sommer, die Bergler von Valstrona diskutieren die Holzpreise und die abstrakten Maler von Verbania lästern über ihre figurativen Kollegen und umgekehrt.«

Mit Tina einigte ich mich auf einen Kompromiß: Der Morgen sollte fürs Einkaufen bei Alessi, der Nachmittag für die Sehenswürdigkeiten von Orta reserviert sein. Das erwies sich als Fehlplanung, weil wir es beim postmodernen Küchendesign nicht länger als eine Stunde aushielten, in der Buchhandlung von Orta dagegen einen liebenswürdigen und ortskundigen Buchhändler fanden, der seine Buchhandlung schloß und uns zu allen Sehenswürdigkeiten führte. Und ein paar Tage später sind wir gleich nochmals hingefahren, weil der fromme Cicerone für uns eine Audienz bei der Äbtissin des Klosters auf der San-Giulio-Insel arrangiert hatte.

Die Heiligtümer von Orta

Im Kloster liest man nur eine lokale Tageszeitung und den *Osservatore romano*; Radio und Fernsehen gibt es nicht, und private Gespräche sind aus dem Alltag der Nonnen verbannt. Während der Mahlzeiten wird aus frommen Schriften vorgelesen, während der Arbeit ist nur der halblaute Austausch notwendiger Informationen gestattet, und zwischen Komplet und Frühmette herrscht das »große Schweigen der Nacht«. Fünfmal pro Woche versammeln sich alle Nonnen nach dem Abendessen zu einem fünfzigminütigen Gedankenaustausch. Das erfahren wir im Gespräch mit der Äbtissin des Benediktinerinnenklosters »Mater Ecclesiae«, das sich auf der Insel San Giulio im Ortasee befindet. Von den Fenstern des Parlatoriums im ehemaligen Priesterseminar – einem mächtigen, burgähnlichen Bau, der die kleine Insel überragt – hat man einen herrlichen Blick über den See und auf die umliegenden Berge. Die Geschichte dieser Abtei ist eine überraschend junge Erfolgsstory: vor neunzehn Jahren wurde sie von sechs Ordensschwestern aus der Lombardei gegründet; heute beten und arbeiten dort vierzig Nonnen, inklusive zehn Novizinnen. Ihre Hauptbeschäftigung ist einerseits das Restaurieren alter kirchlicher Gewänder, Bildteppichen und Vorhängen, anderseits das Übersetzen neuer kirchlicher Texte. Die Textilateliers liegen im unzugänglichen Klausurbereich; dafür holt uns Mutter Anna Maria Canopi als Beispiel für die Übersetzertätigkeit den soeben erschienenen neuen Kommentar zur Regel des heiligen Benedikt, der vom Einsiedler Abt Georg Holzherr stammt und von den Nonnen der Insel San Giulio ins Italienische übersetzt worden ist.

Außer den Klosterfrauen wohnt heute niemand mehr während des ganzen Jahres auf der kleinen Insel, wo es neben dem Kloster auch einen Bischofspalast, eine romanische Basilika und eine Reihe schöner Villen gibt, die mit ihren üppigen Parks ans Wasser grenzen. Hier ist alles Menschenwerk; jeder Fleck Erde ist im Laufe der Jahrhunderte überbaut worden; der Felsgrund der Insel ist verschwunden unter einem kompakten Ineinander von Mauern, Säulen, Schieferdächern, Kopfsteinpflaster, Granitplatten, Bäumen und Sträuchern, die von Gärtnern gepflanzt worden sind. In der schönen Jahreszeit gibt es in der Nähe der Basilika Souvenirläden für Pilger und Touristen, und unter schattigen Bäumen, direkt am See, lockt das *Ristorante San Giulio* mit seinen lokalen Fischspezialitäten. Möchte man wieder aufs Festland zurück, braucht man keinen Schiffsfahrplan zu studieren; die Sichtverbindung vom Schiffssteg zum Hauptplatz des Städtchens Orta, wo die Motorbootbesitzer unter Platanen sitzen, funktioniert so tadellos, daß man nach wenigen Minuten abgeholt und übergesetzt wird.

Daß man das Problem der Überfahrt auch mit Hilfe eines Wunders lösen kann, zeigt die Legende, nach welcher der griechische Missionar Julius ums Jahr 390 seinen Mantel auf das Wasser des Ortasees legte und auf diesem improvisierten Surfbrett zu dem unbewohnten Eiland hinüberfuhr. Die eindrückliche Szene ist in der Kirche auf einem schwarzen Marmorrelief aus dem sechzehnten Jahrhundert festgehalten: man sieht den Heiligen mit dem langen Pilgerstab vor der Insel, die sich wie ein Zuckerhut aus den Wellen erhebt und mit Drachen und Schlangen bevölkert ist. Die Legende berichtet, daß Julius die bösen Tiere durch gutes Zureden zum Verlassen der Insel bewogen habe, wo er dann seine hundertste Kirche erbaute, eine kleine Gemeinschaft von Einsiedlern gründete und nach seinem Tod begraben wurde. Historisch belegt ist allerdings nur das Interesse der Bischöfe von Novara an dem voralpinen Seegebiet, welches sich wie ein natürlicher Schutzschild im Norden ihrer Stadt erhebt. Ende des sechsten Jahrhunderts ließ der novaresische Bischof Onofrio die Insel durch eine Burg befestigen, und in den folgenden zwölf Jahrhunderten ist das Episkopat am Ball geblieben: nach den Wirren der Langobardenzeit, die im zehnten Jahrhundert zu zwei Belagerungen der Insel führten, gelang es ihm, die Rivera d'Orta, wie man die Seegemeinden nennt, als kleinen Freistaat bis zum Jahr 1817 unter seiner geistlichen und weltlichen Schutzaufsicht zu bewahren. Die heutige Kirche geht auf eine Basilika des achten Jahrhunderts zurück, die im Laufe der Zeit vielfach umgebaut und mit niedrigeren Seitenschiffen und Apsiden ergänzt worden ist. Die klare Strenge des romanischen Ursprungs, der im hohen Campanile aus dem elften Jahrhundert besonders schön zur Geltung kommt, ist im Innern der Kirche hinter barocker Prachtentfaltung verschwunden. Für Puristen ist dieser Kirchenraum nichts; er präsentiert sich als überreiches und festliches Konglomerat von sieben Jahrhunderten Bildhauerei und Malerei, von der berühmten romanischen Kanzel aus dem einheimischen grünschwarzen Marmor von Oira über die frühgotischen Fresken, bis zum Stuckdekor und zu den Marmorintarsien des Manierismus. Barocker Überschwang herrscht in den farbenfrohen Fresken der Kuppel und in der Krypta, wo die Reliquien des heiligen Julius in einem prunkvollen silbernen Schrein aufbewahrt werden.

Ein paar hundert Meter östlich der Insel, auf einer weit in den See ragenden grünen Halbinsel, liegt Orta, das sich schon im zwölften Jahrhundert zu einem Pilgerort und Marktflecken entwickelte, den die Bischöfe von Novara zu ihrer Residenz wählten. Ihre Wappen sind noch heute an der freskierten Fassade des ehemaligen Rathauses zu sehen, das Palazzo della Comunità heißt und auf dem Hauptplatz am See steht. Der zierliche Renaissancebau aus dem Jahr 1581 ist ein idealer Treffpunkt für Einheimische und Touristen, weil man in seinem Untergeschoß, einer nach allen vier Seiten offenen Loggia, vor Sonne und Regen geschützt ist. Zum ersten Stock, wo sich ein Versammlungssaal und ein Tourismusbüro befinden, führt eine Außentreppe mit einem eleganten schmiedeeisernen Geländer.

Die Piazza ist der Mittelpunkt von Orta. Der Wochenmarkt, der hier jeden Mittwoch stattfindet, hat eine siebenhundertjährige Tradition. Direkt am Seeufer, unter einem dichten Laubdach von Kastanien und Linden, sitzen Bootsführer und Passanten auf grünbemalten Eisenbänken und geben ihre Kommentare zur Weltlage und zum Seeverkehr ab. Im Hintergrund stehen die schönen alten Palazzi mit den geräumigen Arkaden, wo Cafés, Eissalons, Restaurants und Läden zum Verweilen einladen. Es müßte schön sein, hier ein paar Tage zu verbringen und wie die »Alpinisti ciabattoni« (die schlurfenden Alpinisten) des Spätromantikers Achille Giovanni Cagna in die friedliche Atmosphäre dieses Bilderbuchstädtchens einzutauchen. Dabei könnte man einen der berühmten Sonnenuntergänge genießen, die Cagna in seinem 1888 erschienenen Romänchen so pittoresk geschildert hat. Auch Eleonora Duse war von diesem Naturphänomen so angetan, daß sie in einem Brief an Gabriele D'Annunzio schrieb, sie werde sich für den letzten Akt der *Kameliendame* ein Négligé in der »Farbe des Ortasees beim Sonnenuntergang« (color lago d'Orta al tramonto) machen lassen.

Zum Zauber dieses kleinsten oberitalienischen Sees, der westlich vom Lago Maggiore hinter Hügelketten versteckt ist, trägt seine mangelhafte touristische Erschließung viel bei. Der Tourismus funktioniert hier auf Sparflamme. Eine durchgehende Küstenstraße gibt es nur am Ostufer, das Westufer ist steil und weitgehend unerschlossen. Der Bahnhof der Eisenbahnstrecke Brig–Domodossola–Novara liegt ziemlich weit außerhalb von Orta, und auch die Autoreise ist nicht besonders bequem, weil man auf der stark befahrenen schmalen Uferstraße von Locarno bis nach Verbania oder Arona fahren muß, bevor man zum Ortasee abbiegen kann. Vom großen Parkplatz über der Ortschaft steigt man über steile Treppengassen und schmale Straßen mit Kieselsteinpflaster zur Piazza hinunter, vorbei an den barocken oder klassizistischen Fassaden der schönen Patrizierhäuser, die oft lauschige grüne Innenhöfe und Säulengänge verbergen. Alles zeugt von Lebenskunst und Wohlstand: auch die Sommervillen der reichen Familien, die am Seeufer oder auf den umgebenden Hügeln liegen.

Die berühmteste Sehenswürdigkeit von Orta ist jedoch der Sacro Monte, der heilige Berg, der auf einem waldigen Hügel hundert Meter über dem Städtchen liegt. Hier sind zwischen 1596 und 1670 in der Nähe des Kapuzinerklosters von San Nicolao zwanzig Kapellen gebaut worden, die Stationen aus dem Leben des heiligen Franz von Assisi zur Darstellung bringen: ihr Innenraum ist als Theaterbühne konzipiert, auf der lebensgroße, bemalte Terrakottafiguren sich zu lebenden Bildern fügen, die durch üppige und farbenfrohe Wandmalereien ergänzt werden. Der Sacro Monte d'Orta ist kein Unikat, sondern gehört zusammen mit anderen heiligen Bergen in Piemont und in der Lombardei zu den Denkmälern der Volksfrömmigkeit, die im Zeitalter der Gegenreformation entstanden. Man kann in ihnen eine Art Bastion oder Schutzwall gegen das Eindringen der Reformation im norditalienischen Voralpengebiet sehen. Ihr gemeinsames Vorbild ist der unweit von Orta gelegene Sacro Monte von Varallo, dessen Bau schon Ende des fünfzehnten Jahrhunderts begonnen wurde. Ende des sechzehnten Jahrhunderts folgten Crea,

Orta, Varese und Oropa sowie die beiden unvollständigen Beispiele in Brissago und Locarno.

Zum besonderen Reiz des Sacro Monte von Orta gehört das harmonische Zusammenspiel von Landschaft und Architektur. Die Kapellen stehen in nicht allzu großen Abständen in einem lichten Wald mit jahrhundertealten Buchen und Eichen, der heute unter Naturschutz steht. Schattige Fußwege führen von Kapelle zu Kapelle, kreuzen sich und eröffnen zwischen hohen Stämmen, Hecken und Lichtungen immer neue und überraschende Perspektiven, zu denen auch der Ausblick auf die leuchtende Wasserfläche des Ortasees gehört. Die schönsten Kapellen wurden zwischen 1591 und 1615 vom Kapuzinerpater Cleto aus Castelleto Ticino entworfen: sie erinnern in ihren reinen Formen und klassischen Proportionen an die erste Renaissancezeit in der Lombardei. Andere sind schon vom Manierismus geprägt oder verraten den Einfluß Palladios. Fast immer überrascht der Kontrast zwischen der anmutigen Architektur der kleinen Kapellen und der effektvollen und manchmal auch drastischen Theatralik der lebenden Bilder, die durch kunstvoll geschmiedete Eisengitter vom Betrachter abgetrennt sind.

Überraschend ist auch die Auswahl der Stationen aus dem Leben Franz von Assisis: der mit der Kreatur verbundene Heilige, der den Fischen und den Vögeln predigt, ist nirgends abgebildet, seine Auflehnung gegen den Reichtum und die Macht der Institution Kirche kommt in keiner einzigen Szene zum Ausdruck, im Gegenteil: fast alle Darstellungen gelten der administrativen Integration des

Franziskanerordens in den Schoß der Kirche und zeigen zum Beispiel die Einkleidung der ersten Jünger, die Genehmigung der Ordensregel durch den Papst, das Privileg des Ablasses, die Mission beim ägyptischen Sultan und schließlich die Heiligsprechung, eine grandiose und figurenreiche Szene, welche den Machtanspruch der Kirche in der pompösen Darstellung geistlicher und weltlicher Würdenträger eindrücklich demonstriert. Im Geist der Gegenreformation wurde hier das Leben San Francescos *ad maiorem Ecclesiae gloriam* umgedeutet, was zweifellos auch auf den Einfluß des novaresischen Bischofs Bascapé zurückgeht, der in den ersten Jahren des siebzehnten Jahrhunderts den Bau des Sacro Monte d'Orta entscheidend förderte. Sebastiano Vassalli hat diesem fanatischen Kirchenmann in seinem Roman *La chimera* ein düsteres Denkmal gesetzt.

Es gab freilich noch einen weiteren Grund, das Leben des Heiligen in personenreichen Massenszenen darzustellen: sie erst machten aus dem erbaulichen Exempel ein farbiges, in der zeitgenössischen Wirklichkeit verwurzeltes Spektakel, das den Besucher in den Sog des Geschehens hineinriß und zum Mitspieler machte. Alle Stände des siebzehnten Jahrhunderts werden zur Schau gestellt: spanische Edelleute mit weißem Kragen, eleganten Stiefeln und behandschuhten Händen, Franziskanermönche in ihren schlichten braunen Kutten, gepanzerte Soldaten, üppige und kostbar gekleidete Damen, Handwerker und Bürger, zerlumpte Bettler, Betrunkene, Besessene und spielende Kinder, die aus einem Brueghel-Bild stammen könnten. Die Kapellenkünstler, unter denen die Bildhauer Cristoforo Prestinari, Dionigi Bussola und der Maler Morazzone die berühmtesten waren, pflegten einen effektbewußten theatralischen Stil, welcher die Illusion der Wirklichkeitsnähe nicht nur in der sorgfältigen Behandlung der Kostüme beschwor, sondern auch gern mit Trompe-l'œil-Effekten spielte, so daß manche plastischen Randfiguren sich direkt aus den Wandfresken zu lösen scheinen. Auf diese Weise werden die Pilger, die durchs schmiedeeiserne Gitter schauen, ins sakrale Geschehen einbezogen, erkennen sich in den Zuschauern, die die Stationen des Heiligen säumen, begleiten, lebhaft kommentieren und manchmal auch gar nicht beachten, weil sie unbekümmert ihren eigenen Geschäften nachgehen.

Ein besonderes Erlebnis ist der Zutritt zu den Schauplätzen dieses Disneylands der Gegenreformation. Die Photographin hat sich zu diesem Zweck eine Spezialerlaubnis der Direktion eingeholt. Ein Parkwächter mit einem gewaltigen Schlüsselbund, an dem zum Teil noch Originalschlüssel aus dem letzten und dem vorletzten Jahrhundert hängen, öffnet Schlösser, Vorlegeschlösser und andere Zusatzsicherungen. In der siebten Kapelle, welche die Genehmigung der Ordensregel durch den Papst darstellt, ist eine blonde Restauratorin in weißer Schürze an der Arbeit. Im Halbdunkel der Kapelle hält man sie zuerst für eine Terrakottafigur und stellt dann fest, daß die Anwesenheit eines Menschen aus Fleisch und Blut die Statuen in auffälliger Weise belebt. Sie ist mit dem Mantelsaum eines Adligen beschäftigt, der einen blauen Umhang mit Hermelinaufschlägen trägt und mit einem überlangen Zeigefinger auf den Heiligen Franz zeigt. Sie erzählt, daß seit dem Bestehen des Sacro Monte hier praktisch permanent Fachleute an der Arbeit sind, um Schäden an den 375 Figuren, den 950 Fresken, den Säulen, Fassaden und Schieferdächern der zwanzig Kapellen zu reparieren, die nicht nur der Witterung, sondern auch dem Vandalismus der vielen Schulklassen ausgesetzt sind, bei denen das Münzenwerfen auf die Figuren ein beliebter Sport geworden sei. Im Büro der Direktorin sehen wir den alten Ofen, in dem ein großer Teil der Figuren gebrannt worden ist. Er ist so klein, daß viele Statuen in drei Stücke geteilt und an Eisenstangen zum Brennen in den Ofen gesteckt wurden. Darauf fügte man die Teile mit Eisenklammern zusammen und übertünchte die Nahtstellen mit den Farben und Lacken der bunten Kostüme. Die Rückseite der Figuren ließ man dagegen oft unbearbeitet, da sie für den Zuschauer vor den Gittern nicht sichtbar war. So präsentieren sich zum Beispiel die farbenprächtigen Bischöfe der Kanonisierungsversammlung im Vatikan von hinten als bizarre Tonformen mit Löchern und breiten Fugen: ein Anblick von erschreckender und ungestalter Häßlichkeit und zugleich ein Kontrast, der die Scheinhaftigkeit des Welttheaters im Geist des Barocks ad absurdum führt.

Mailand

Daß man in Italien besser ißt als im europäischen Durchschnitt, gilt fürs Restaurant wie für den Familientisch. Es hängt damit zusammen, daß hier der Geschmack und die Freude am Essen zum Lebensgenuß gehören. Man ist auch bereit, für diesen Genuß Geld auszugeben. Das habe ich zuerst im Gespräch mit meinem Gemüsehändler begriffen, der mir immer wieder von dem herrlichen Mailänder Engrosmarkt vorgeschwärmt hat, wo das Beste, Seltenste und Teuerste angeboten wird und Käufer findet. Manchmal hat er im Dezember ein Gitter Granatäpfel oder Litschis oder glänzend rote Kirschen in seinen Laden mitgebracht und mir dann erzählt, in Mailand und auch in Campione würden an Weihnachten zentnerweise frische Kirschen gegessen, während er in Zürich auf solcher Luxusware einfach sitzen bleibe. Bei ihm habe ich auch die stachligen sardischen Artischocken kennengelernt, die lange Stiele haben, deren Mark man roh oder gekocht essen kann und den länglichen und schmalblättrigen roten Cicorino von Treviso, aus dem man einen würzig bitteren Risotto zubereitet. Von ihm weiß ich auch den Unterschied zwischen Männchen und Weibchen beim Fenchel, zwischen ovalen und runden Avocados und zwischen Mandarinen mit und ohne Kerne.

Schließlich habe ich mich von seiner fachmännischen Freude an Obst und Gemüse anstecken lassen und bin in einem kalten Februar extra für den Engrosmarkt nach Mailand gefahren.

Ein Markt ohne Jahreszeiten

Mailand ist nicht nur die größte Industriestadt Italiens, Mailand hat auch den größten Obst- und Gemüse-Engrosmarkt des Landes. Das liegt daran, daß die Lombardei, die fast zur Hälfte aus fruchtbarem Schwemmland besteht, die reichste Landwirtschaftsregion Italiens ist. Dazu kommt, daß während der Winterpause vom Oktober bis zum April Süditalien in die Lücke springt und die lombardische Metropole mit Salat, Gemüse, Orangen und Zitronen überreich versorgt. Der Mailänder Engrosmarkt – der Mercato Ortofrutticolo – ist nicht nur für die Versorgung der 1,3-Millionenstadt und Oberitaliens wichtig; er gehört neben Paris und München auch zu den bedeutendsten Lebensmittelgroßmärkten Europas: Hier decken sich nicht nur die Detaillisten, die Groß- und Kleinverteiler aus Mailand, der Lombardei, dem Piemont und der Emilia-Romagna ein, sondern auch Importeure aus Süddeutschland, Frankreich, Belgien, Holland, aus dem Tessin und aus der deutschen Schweiz.

Ein Augenschein lohnt sich: Seit 1965 befindet sich der »Ortomercato« in neuen Markthallen an der Via Lombroso im östlichen Stadtviertel von Porta Vittoria. Er liegt an der Umgehungsstraße, die im Norden und Süden in die großen Autobahnen mündet und ist durch acht Kilometer Bahngeleise, die das tägliche Ein- und Ausladen von 350 Waggons erlauben, mit dem Schienennetz verbunden. Der Markt für die Engroseinkäufer beginnt um 7 Uhr 30; man muß aber schon früher dort sein, um zu erleben, wie im Morgengrauen Lastwagen aller Kaliber auf dem riesigen Vorplatz ankommen und Türme von Obst- und Gemüsegittern ausladen, die von den Transportangestellten des Marktes, den Facchini, auf Karren in die Hallen gebracht werden.

Wenn man eine der vier Hallen betritt, staunt man zuerst über die Dimensionen: Man wundert sich nicht, daß die Einkäufer mit Fahrrädern oder Mopeds in den langen Gängen zwischen Obst und Gemüse auf und ab fahren, um die ausgestellte Ware zu prüfen und zu vergleichen. Betrachtet man was hier angeboten wird, entdeckt man ein kolossales Schlaraffenland. Auf diesem Markt gibt es keine Jahreszeiten; dank Flugtransport und Kühltechnik kann man das ganze Jahr hindurch sozusagen alles haben, worauf man Lust hat. Immer ist irgendwo auf der Welt Sommer oder Herbst, so daß die Delikatessen aller Jahreszeiten simultan zur Verfügung stehen. Im Winter findet man Kirschen und Pflaumen aus Chile, Melonen aus Senegal, Peperoni aus Somalia; die Erdbeeren kommen im Oktober und November aus Südafrika, im Dezember aus Mexiko, im Januar und Februar aus Texas und Kalifornien, im März aus Israel, im April aus italienischen Kulturen unter Plastik-Zelten, im Mai aus italienischen und französischen Freilandkulturen, und für einen Zürcher Gemüsehändler schließt sich der Erdbeeren-Jahreskreis mit den Walliser und zuletzt mit den Thurgauer Erdbeeren. Die größte Überraschung bietet sich aber dem Pilzliebhaber, der im Winter nicht mit gezüchteten Champignons, Austernpilzen und getrockneten Steinpilzen abgespeist wird. Er entdeckt – und traut seinen Augen kaum – in kleinen geflochtenen Körben frische gesunde Steinpilze, herrliche Exemplare mit tiefdunkelbraunen Hüten und schneeweißen, harten, kolbenförmigen Stielen, denen ein unvergleichlich angenehmer Duft entströmt. Sie stammen aus Südspanien und Nordafrika.

Neben dem märchenhaften Reichtum ist man vor allem von der erlesenen Schönheit vieler Auslagen betroffen: Die Salatgitter werden so schön und zierlich komponiert, daß sie gleich in die verführerischen Auslagen der Mailänder Obst- und Gemüsegeschäfte gestellt werden können. Ein Plateau, gefüllt mit den dunkelgrünen Rosetten des Radicchio-Salates, wird mit ein paar Tupfen von rotem Cicorino geschmückt, und die hellgrünen länglichen Blätter des in der Lombardei so beliebten Cicoria-Salates sind mit weißem Faden zu kleinen Sträußen zusammengebunden. Die Kartoffeln liegen in hübschen Spankörben, und die Lampascioni, die kräftigen kleinen Wildzwiebeln aus Apulien, erkennt man von weitem an den ovalen Weidekörben, in die sie verpackt sind.

In den Mittelgängen der Hallen verkaufen die Gärtner aus der Umgebung von Mailand ihr Gemüse und ihren Salat direkt an Detaillisten, Grossisten und Importeure; auf den beiden Seiten der Hallen befinden sich die Kabinen der 226 Handelsfirmen, die die Ware der Produzenten aus ganz Italien in Kommission verkaufen; das heißt, sie übernehmen die Ware nicht, wie das auf den Märkten nördlich der Alpen üblich ist, zu festen Preisen, sondern verkaufen sie je nach dem Spiel von Angebot und Nachfrage bald teurer, bald billiger. Das Risiko trägt dabei der Produzent; die Kommission des Händlers beträgt, von Spezialabmachungen abgesehen, zehn Prozent. Der Mailänder Engrosmarkt ist eine riesige Obst- und Gemüsebörse mit ständig fluktuierenden Preisen, in der Einkäufer und Verkäufer auf ihren Instinkt, ihre Reaktionsfähigkeit und ihre Erfahrung angewiesen sind, um so mehr als die verkaufte Ware verderblich ist und es oft schwer ist, festzustellen, ob die angebotenen Zitronen oder Orangen in drei Tagen oder in drei Wochen faulen werden. Der große italienische Schriftsteller Carlo Emilio Gadda hat in seinem Band *Le Meraviglie d'Italia* (Die Wunder Italiens) den Mailänder Obst- und Gemüsegroßmarkt geschildert, der von 1911 bis 1965 in den alten Eisenhallen der Via Ventidue Marzo abgehalten wurde und dabei dem Phänomen der Preisbildung seine besondere Aufmerksamkeit geschenkt. Er schrieb 1935:

»Der An- und Verkauf, der die Totalität der anfallenden Lebensmittel umfaßt, spielt sich für die eine wie die andere der handelnden Parteien unter den besten Voraussetzungen ab. Er stuft die Ware ein, schafft Preise, stabilisiert eine qualitative Wertung. Das Ricardosche Gesetz von Angebot und Nachfrage ist mit großen Buchstaben auf die Stirn jedes Grossisten geschrieben und auf jedes Gemüsegitter aus Sizilien oder Casalpusterlengo. Seit 1911 haben die Verbreitung der Kühlanlagen und die Entwicklung des Verkehrs dem Markt erlaubt, seinen ›Mündungssog‹ räumlich und zeitlich auszuweiten und den Zustrom aus weiter entfernten Gebieten und eine längere Lagerdauer zu ermöglichen. Angebot und Nachfrage stehen sich nun in einem größeren Raum gegenüber, gleichen sich in einer maschinell gekühlten Zeit besser aus, in der die Frische nicht mehr so rasch zerstört ist. Das dämmt die Überschwemmungen ein, nivelliert die Preise und mildert die frenetische Unregelmäßigkeit eines Marktes, dessen Waren vom Morgen bis zum Abend verderben können. Die Auberginen, die den Bedarf von heute und morgen übersteigen, brauchen mehr Zeit, bis sie faul sind (in bezug auf 1911), und es besteht die Hoffnung, sie übermorgen zu verkaufen, wenn sich die Woge des Überflusses gelegt hat.«

Ein komplexes Thema ist das Verhältnis zwischen den Händlern und den Produzenten, die die Gewähr haben möchten, daß ihre Ware zum bestmöglichen Preis verkauft wird. Ein junger Mann aus Sassari, der mit einem Lastwagen voll Artischocken über Livorno nach Mailand gefahren ist, steht während der Marktzeit neben seinem Artischockenberg und bespricht den Preis laufend mit seinem Kommissionär. Nach zwölf Uhr wird er über Genua nach Sardinien zurückfahren. Manche Produzenten oder Produzentenvertreter halten es gleich; bei den Gemüsen und Früchten aus Süditalien, die im Winter den Markt dominieren, soll es aber auch das System der Sorveglianti (Überwacher) geben, die den Marktverlauf kontrollieren und dafür zwei Prozent kassieren. Sie haben ihren Auftrag nicht von den Produzenten, sondern von Großhändlern, die in Süditalien die Produzenten oft vorfinanzieren und die Produkte mit eigenen Transportmitteln auf den

Mailänder Markt bringen. Deshalb, so sagt man, sind sie in der Lage, nicht nur den Produzenten ihre Bedingungen aufzuerlegen; sie können auch das Spiel von Angebot und Nachfrage außer Kraft setzen, den Kommissionären die Verkaufspreise diktieren. Mit anderen Worten: Hier ist die unsichtbare Mafia der Gemüsegroßmärkte am Werk.

Für den Außenstehenden ist es nicht möglich, das weitverzweigte Marktgeschehen auch nur andeutungsweise zu überblicken. Neben dem Handel in den Hallen werden in den Kabinen der Kommissionäre über Telefon, Fax und Computer Geschäfte mit Grossisten im In- und Ausland abgewickelt, und oft kommt die verkaufte Ware gar nicht in die Markthallen: Ein Lastwagen voll Blumenkohl wird direkt in einen Kühlwagen der Eisenbahn verladen, und ein anderer mit apulischen Wildzwiebelchen setzt sich in Richtung Flughafen in Bewegung, nachdem die Fracht einem Händler in Caracas verkauft worden ist. Die Facchini ziehen mit ihren Karren zielbewußt durch das Obst- und Gemüselabyrinth, während Verkäufer, Käufer und Angestellte an improvisierten Öfen, in denen leere Gemüsegitter lodern, sich wärmen und ein paar Worte wechseln. Auch in den beiden Bars auf dem Marktgelände ist bei Espresso und Grappa stets Hochbetrieb. Die Einheitssandwichs der Marktleute schmecken großartig: Ein frisches Brötchen wird entzweigeschnitten, die Krume herausgenommen und eine dicke Scheibe heißer Cotecchino – das ist eine knoblauchduftende Schweinswurst – hineingelegt. Wer den Kunden beim Reden zuhört, merkt bald, daß hier wenig Mailänder Dialekt gesprochen wird, dafür um so mehr Neapolitanisch, Sizilianisch und Kalabresisch.

Von der großen Organisation, die hinter dem Engrosmarkt steht, sieht der zufällige Besucher wenig. Für das Ein- und Ausladen der Ware stehen 1300 Transportangestellte im Dienst, die in drei den gewerkschaftlichen Organisationen nahestehenden Genossenschaften organisiert sind. Zwanzig Polizisten sorgen für Ordnung, und im Büro des städtischen Gesundheitsamtes beschäftigen sich fünf Beamte mit der Pilzkontrolle und mit Lebensmittelstichproben.

Um 12 Uhr schließt der Engrosmarkt seine Tore. Die nicht verkaufte Ware verschwindet in den Kühlanlagen. Wenn sich das Aufbewahren nicht lohnt, fahren manche Produzenten mit ihren Lastwagen am Nachmittag in die Arbeiterquartiere der Stadt, wo sie ihre Restposten gitterweise zu niedrigen Preisen loswerden.

Die schönsten Bars Italiens

Ich weiß nicht genau, woran es liegt, daß ich mich in Mailand so wohl fühle, obwohl viele Italiener und auch viele Nordländer dieser Stadt jeden Charme absprechen und ihr nur die Tugend der Tüchtigkeit zugestehen.

Mir gefällt die unglaubliche Lebendigkeit des Stadtzentrums, wo die kostbaren Zeugen der Vergangenheit – Römersäulen und Barockportale, romanische Basiliken und neoklassizistische Paläste –, von gleichgültigen oder häßlichen, modernen Gebäuden umgeben, mitten im Verkehrsstrom stehen und sich nur dem neugierigen Blick des Spaziergängers zeigen. Und Spaziergänger sind in dieser fleißigen und geschäftigen Stadt selten. Mich verlockt aber keine andere italienische Stadt mehr zum Spazierengehen als gerade Mailand, weil hier die manchmal fast zu vollkommene Reiseprospekt-Schönheit anderer italienischer Städte fehlt, weil man hier Lust bekommt, die verborgenen Schönheiten selbst zu entdecken.

Dazu kommt, daß es in der Mailänder Innenstadt die schönsten Bars von ganz Italien gibt. Diese blitzsauberen Bars, von denen jede ihren eigenen Charakter hat, machen den Stadtkern für mein Gefühl zu einem großen wohnlichen Salon, in dem man jederzeit eine Theke findet, an der man etwas trinken oder essen oder auch ein paar Worte wechseln kann. Diese Bars sind ein Emblem für die Leichtigkeit der sozialen Kontakte: das zeigen schon ihre Glaswände, welche die Grenze zwischen innen und außen aufheben und ihre fast immer offenen Eingangstüren. Die Bar ist eine Art Fortsetzung der Straße; man kennt hier keinen Konsumationszwang, sondern tritt auch ein, um einen Freund zu grüßen, Zigaretten zu kaufen oder zu telefonieren. Die Bar hat auch etwas von einer kleinen Bühne, auf der die Kunden die Schauspieler sind; man steht und bewegt sich, geht zur Kasse, um die Konsumation zu bezahlen und sieht sich in vielen Spiegeln gespiegelt.

Man ist ein Mitspieler, von dem erwartet wird, daß er seine Wünsche präzis und differenziert formuliert und genau weiß, ob er seinen Espresso mit ein paar Tropfen heißer, lauwarmer oder kalter Milch serviert haben will und welches der unzähligen Aperitifgetränke zu seiner augenblicklichen Gemütslage paßt. Entscheidet man sich für einen Tomatensaft, so stellt man mit Staunen fest, daß der Kellner mit Selleriesalz, schwarzem Pfeffer, einem Schuß frischgepreßtem Zitronensaft und Worcestersauce zu hantieren beginnt und den Inhalt des Tomatenfläschchens im Handumdrehen in ein Drei-Sterne-würdiges Getränk verwandelt. Selbst ein gewöhnliches Glas Wasser wird im Sommer mit Eiswürfeln und Grandezza serviert. Hat man Lust auf ein Sandwich, steht man nicht vor der bei uns üblichen Alternative zwischen Salami oder Schinken, sondern hat die Wahl zwischen Rohschinken, gekochtem Schinken, Mortadella, Coppa, Cotecchino, Zampone, Citterio- oder Bauernsalami und verschiedenen Käsesorten. Mit einer einfachen Sandwicheinlage begnügt sich aber nur ein Tourist, für den Mailänder beginnt nun erst die Kunst des Kombinierens: er läßt sich auf den gekochten Schinken ein paar in Öl eingemachte Artischockenherzen legen, er stellt Thunfisch, Salatblätter und Tomatenscheiben zusammen oder läßt sich vom Kellner überzeugen, daß Pilzsalat sehr gut zu Mozzarellakäse paßt. Selbstverständlich kann man auch zwischen verschiedenen frischen Brotsorten wählen, die der Bäcker periodisch zuträgt: neben den wunderbaren Rosetten, die nur aus Kruste bestehen und innen ein Loch haben, gibt es die länglichen, ebenfalls knusprigen Filetti; auch dekadentes Toastbrot und helles oder dunkles Hausbrot ist vorhanden, neben frischgebackenen kleinen Pizzaböden, die eine ligurische Spezialität sind.

Mir gefallen aber nicht nur die eleganten Bars des Stadtzentrums, deren schönste für mich an der Ecke von Via Dante und Via Meravigli liegt, ich habe auch die gemütlichen und weniger effizienten Lokale gern, wie man sie im Brera-Quartier oder in der Umgebung der Porta Ticinese findet. Neben der Theke für die Passanten gibt es hier auch Tische, an denen man verweilen kann und manchmal sogar einen Hinterraum, wo die Stammgäste Billard spielen und den Hauswein trinken, der Bonarda heißt, ein leichter frischer und reiner Landwein, der dreißig Kilometer südlich von Mailand in den Hügeln von San Colombano gekeltert wird. In einer dieser Bars hat man mir zum ersten Mal vom Mailänder Hafen und den Navigli erzählt, einem Stück Stadtvergangenheit, von dem ich bisher keine Ahnung hatte.

Die Wasserstraßen von Mailand

In Italien sagt man, die Mailänder seien so sprichwörtlich fleißig, weil sie nichts hätten, was sie zum Nichtstun verleiten könnte: kein Meer, keinen See, keinen Fluß, keine Berge, nicht einmal einen Hügel. Nur ein schlechtes Klima. Mailand ist tatsächlich die wasserärmste und kontinentalste Großstadt Europas: sie liegt mitten in einem Landviereck, das im Norden durch die lombardischen Seen, im Westen durch den Tessin, im Osten durch die Adda und im Süden durch den Po begrenzt wird. Diesen entfernten Flüssen verdankt die Stadt denn auch ihren berüchtigten Nebel.

Daß es in Mailand jedoch einen Binnenhafen gibt und Kanäle, in deren Wasser sich die bescheidenen Fassaden von Häusern aus dem letzten Jahrhundert spiegeln, Kanäle mit Schleusen und kunstvoll geschwungenen Eisenbrücken, das weiß kein eiliger Mailandbesucher, und die meisten Besucher Mailands sind eben, der Atmosphäre dieser Stadt entsprechend, in eiligen Geschäften unterwegs. Dabei ist der Mailänder Hafen nur zwanzig Minuten zu Fuß vom Domplatz entfernt: man geht die Via Torino hinunter, schlägt auf der Piazza Carrobio den nach Süden führenden Corso di Porta Ticinese ein und gelangt auf einen verkehrsreichen Platz, der von einer düsteren, von den Abgasen geschwärzten Säulenvorhalle dominiert wird, dem neoklassizistischen Denkmal, das 1814 zur Erinnerung an Napoleons Sieg über die Österreicher bei Marengo errichtet wurde.

Wenn man diesen Platz, der Porta Ticinese heißt, überquert, steht man vor dem Mailänder Hafen, der Darsena mit ihrem schmutziggrünen Wasser. Vor zwanzig Jahren verkehrten auf der Navigli noch flache Lastkähne, die, mit Kies und Sand beladen, in den Hafen fuhren, wo Kräne die Verladung auf Lastwagen besorgten. Die beiden Kanäle, die unter einer Straßenbrücke ins Hafenbecken münden, der Naviglio Grande und der Naviglio di Pavia, verbinden die Stadt mit dem Fluß Tessin und bringen so Wasser aus dem Langensee ins Herz von Mailand.

Es paßt zu den fleißigen und initiativen Mailändern, daß sie den Fluß, der ihnen fehlte, selbst fabriziert haben. Sie begannen damit schon vor achthundert Jahren, als um 1177 das Wasser des Tessins bei Abbiategrasso in einen Kanal geleitet wurde, der vorerst nur der Bewässerung der umliegenden Felder diente. Bald entwickelte sich auf dem kleinen Kanal, der im lombardischen Dialekt »Tesinello« hieß, ein lokaler Transportverkehr, und an seinen Ufern machten Steinmetze, Töpfer und Schmiede ihre Werkstätten auf; es entstanden Backsteinfabriken, Depots für Holzkohle, Sand und Hölzer. Der Kanal wurde Stück um Stück verlängert, bis er am Ende des 13. Jahrhunderts den Stadtrand von Mailand erreichte, wo sich bei der heutigen Porta Ticinese ein kleiner See ausbreitete. Der bescheidene Tesinello war zum Naviglio Grande geworden.

Zum wichtigen Transportweg entwickelte sich der Kanal allerdings erst hundert Jahre später, als man in Mailand den Dom zu bauen begann, dessen Marmor – das wissen selbst nur wenige Mailänder – zum allergrößten Teil auf dem Wasserweg in die Stadt gekommen ist. Die Marmorblöcke aus den Brüchen von Candoglia in der Nähe von Domodossola wurden auf dem schiffbaren Toce-Fluß in den Langensee transportiert und erreichten dann nach ungefähr 100 Kilometern Schiffahrt auf dem Tessin und dem Naviglio Grande ihren Bestimmungsort im Hafen der heutigen Porta Ticinese. Um 1390 kam man dank der Entwicklung der hydraulischen Technik noch einen Schritt weiter: man verband den Naviglio durch Schleusen mit den tieferliegenden Kanälen, die zum Befestigungssystem im Stadtinnern gehörten, und so wurde es möglich, mit den Lastkähnen bis hinter die Apsis des Doms zu fahren. Dort befand sich der kleine See von Santo Stefano di Brolo, der zum wichtigen Hafen für die Baumaterialien des Doms wurde. Für andere Warentransporte wurden hohe Konzessionen verlangt. Im Museum des Castello Sforzesco wird heute noch der Falchio, eine Art Kran, aufbewahrt, der die Marmorblöcke aus dem Schiff auf die bereitstehenden Wagen hob. Der kleine See hinter dem Dom wurde erst 1858 überdeckt, und noch heute erinnern die Namen der Via Laghetto, des Vicolo Laghetto und der »Antica Osteria del Laghetto« an ihn. Im Laufe von fünf Jahrhunderten wurden auf dem Naviglio Grande ungefähr 150000 Marmorblöcke und viele Tausende von rohen und bearbeiteten Marmorstücken und Steinen, Kapitellen und Statuen zum Dom befördert. Die Schiffe bewegten sich auf diesen Kanälen nicht mit

Segeln oder Rudern vorwärts, sondern ließen sich entweder von der Strömung treiben oder dann von Pferden auf beiden Seiten des Kanals gegen die Strömung schleppen.

Die Mailänder begnügten sich aber nicht mit dem Naviglio Grande: Galeazzo Visconti II., der sich in Pavia ein Schloß gebaut hatte, ließ 1359 einen zweiten Kanal ausheben, der das Wasser aus dem Tessin nach Pavia führen sollte, damit es den großartigen Schloßpark bewässere. Das war die erste Etappe des heute noch bestehenden Naviglio di Pavia. Es war dann aber vor allem die Erfindung der Schleuse gegen Ende des 14. Jahrhunderts, die dem Kanalbau in der Lombardei gewaltigen Aufschwung gab: zwischen 1439 und 1475 wurden rund um Mailand 90 Kilometer schiffbare Kanäle mit 25 Schleusen gebaut, ein Netz von Wasserstraßen, das damals in ganz Europa einzigartig war. 1457 ist mit dem Bau des Naviglio Martesano begonnen worden, der Mailand mit der Adda und dem Comer-See verbindet; schon 1496 war das Werk vollendet, und im Hafen von Mailand vereinigte sich das Wasser des Langensees mit dem des Comer Sees.

Leonardo da Vinci, der zwischen 1482 und 1499 im Dienste des Herzogs Ludovico Sforza stand, schuf in dieser Zeit nicht nur das Abendmahl in Santa Maria della Grazie und andere Meisterwerke (darunter die Portraits des Musikers mit dem roten Berett und Isabella d'Estes mit dem Perlennetz im Haar, die in der Ambrosiana-Pinakothek hängen), sondern beschäftigte sich als Architekt und Ingenieur auch mit urbanistischen Fragen und mit der Wasserwirtschaft in der Poebene: im berühmten Codex atlanticus gibt es Projektskizzen für

Schleusen und für die Schiffbarmachung der Adda. Der Mailand-Verehrer Stendhal schreibt darüber in seinem Reisebuch *Rome, Naples et Florence* am 4. Oktober 1816: »Mailand ist die Stadt Europas, die die bequemsten Straßen und die schönsten Höfe im Innern der Häuser hat. Diese viereckigen Höfe sind wie bei den alten Griechen von einem Portikus umgeben, der aus sehr schönen Granitsäulen gebildet wird. In Mailand gibt es vielleicht zwanzigtausend solcher Säulen. Man holt sie aus Baveno am Lago Maggiore. Sie erreichen die Stadt auf dem berühmten Kanal, der die Adda mit dem Tessin verbindet. Leonardo da Vinci arbeitete an diesem Kanal im Jahre 1496. Wir waren damals noch Barbaren wie der ganze Norden.«

Das lombardische Kanalnetz hatte aber nicht nur eine große Bedeutung für die wirtschaftliche Erschließung der Lombardei; es hob auch das politische Prestige des binnenländischen Herzogtums Mailand gegenüber der Seerepublik Venedig, die seit 1437 eine gefährliche Rivalin und unmittelbare Nachbarin auf dem Festland war. Das demonstrierte Lodovico il Moro im Februar 1489, als er die Heirat zwischen seinem Neffen Gian Galeazzo mit Prinzessin Isabella von Aragon organisierte und die Brautleute auf Prunkschiffen durch den Naviglio Grande in die Stadt einziehen ließ. Und zwei Jahre später wiederholte er die gleiche theatralische Inszenierung bei seiner eigenen Vermählung mit Beatrice d'Este, indem er die Braut und ihr Gefolge auf dem Flußweg von Ferrara bis nach Mailand reisen ließ, was vor allem auf der ersten Reisestrecke, wo der Po gefroren und die Schiffe durch Schlitten und

Wagen ersetzt werden mußten, große Schwierigkeiten bot. Die mühseligste Schiffahrt war damals offensichtlich eines Fürsten würdiger als eine Reise auf der Straße.

Trotz dieser vereinzelten Schaustellungen blieb für die nüchternen Lombarden die unmittelbare Nutzung ihrer Kanäle zur Berieselung der Felder das Wichtigste. Sie verwandelte die Felder der Po-Ebene in die reichsten und fruchtbarsten Italiens, und es gehört zur Eigenart der Mailänder Wasserstraßen, daß sie ihre Doppelfunktion als Bewässerungs- und als Transportkanäle stets bewahrten. Zudem wurde das Wassergefälle bei den Schleusen zum Antrieb von Getreidemühlen ausgenützt, und in der Toponomastik der Gegend ist deshalb keine Bezeichnung häufiger als Molino.

1603 schrieb Giovanni Battista Settala in seiner *Relazione del Naviglio Grande di Milano*: »Dieser Naviglio wurde gebaut, um Mailand mit Brenn- und Bauholz, mit Kohle, Wein, Kalkstein und Fleisch zu versorgen, dazu mit Fischen und Waren vom Langensee der Schweizer und der umliegenden Orte, die man in großen Mengen und für wenig Geld befördern kann und um aus Mailand Salz, Eisen, Getreide, Reis, Leinen und andere Waren mitzuführen, die man den Seebewohnern und den Schweizern verkaufen kann, was der Grund ist, daß die Einkünfte der Mailänder sehr gestiegen sind. Die Navigli werden auch gebraucht, um das Land zu bewässern, Mühlen anzutreiben, Reis- und Flachsfelder und Wiesen anzulegen, um das Vieh zu ernähren und für andere Zwecke und Dienste.«

Im 16. Jahrhundert dauerte eine Wasserreise von Mailand nach Venedig achtzehn Tage und die Rückreise gegen die Strömung einen Monat. Ende des 18. Jahrhunderts, als neue technische Errungenschaften die Verbesserung der Straßen erlaubten, begann der Niedergang der Flußschiffahrt. Schon 1830 brauchte eine Postkutsche von Mailand nach Venedig nur noch 36 Stunden.

Mit dem Aufkommen der Eisenbahn in der zweiten Hälfte des 19. Jahrhunderts beschränkte sich der Lastverkehr auf den Navigli auf Baumaterialien; die übrigen Waren wurden mit der rascheren Bahn befördert. Dafür beflügelte die Erfindung der mit Dampf betriebenen Motoren die Sehnsucht der Mailänder nach dem Meer, und schon 1819 wagte der Raddampfer *Eridana*, mit so berühmten Dichtern und Patrioten wie Silvio Pellico und Vincenzo Monti an Bord, die Fahrt nach Venedig. Die Reise war ein Mißerfolg; sie dauerte wegen ungünstiger Wasserverhältnisse in den Kanälen viele Tage, und auch alle späteren Versuche, Venedig über die Zickzackwege der Wasserstraßen zu erreichen, blieben schwierige und langwierige Demonstrationen des guten Willens, ohne praktischen Wert.

Im 20. Jahrhundert war es dann schließlich das Aufkommen der Automobile und Lastwagen, welche den Niedergang der Fluß- und Kanalschiffahrt endgültig besiegelten. Das im Zeitraum von siebenhundert Jahren kunstreich aufgebaute Kanalsystem der Navigli wurde in weniger als hundert Jahren im Stadtinnern zugedeckt und zum Verschwinden gebracht. Bis zum Hafen von Porta Ticinese blieben die äußeren Navigli trotz der Konkurrenz der Autobahnen bis in die fünfziger Jahre ein wichtiger Transportweg: 1939 wurden 488630 Tonnen Kies und Sand auf 3750 Kähnen von den Gruben am Langensee und am Flußlauf des Tessins in den Mailänder Hafen transportiert, und 1952/53, zur Zeit des Baubooms, stieg die Menge des transportierten Baumaterials sogar auf 850000 Tonnen im Jahr. In den letzten Jahren ist der Transportverkehr stark zurückgegangen; 1982 wurde er ganz aufgegeben.

Es war schön, auf der Alzaia Naviglio Grande den mit Kies beladenen Kähnen zuzuschauen, die wie vor Jahrhunderten nur durch die gemächliche Strömung fortbewegt wurden, während die leeren Kähne von Motoren angetrieben gegen die Strömung fuhren. Man konnte beobachten, wie die Schiffer ihre Kähne an den Anlegestellen mit Treidelseilen an Steinpfosten festbanden, um ihre Fahrt langsam zum Stillstand zu bringen. Dann trugen sie ihre Vespa, die irgendwo mitten im Kies stand, auf die Straße hinauf und fuhren dem Feierabend entgegen.

Heute sind die Lastkähne nur noch Erinnerung an die Vergangenheit. Am Naviglio di Pavia hat man sie zu Terrassen von Restaurants und Nachtlokalen umfunktioniert. In warmen Sommernächten kommt hier Venedig-Stimmung auf. Das Quartier ist im Umbruch: neben Bauruinen, wo einst Arbeiter wohnten, gibt es Gebäude, die mit Sorgfalt renoviert wurden. Eine Adresse an den Navigli gilt heute als schick und ist dementsprechend teuer.

Für den Mailand-Besucher lohnt sich ein Spaziergang entlang dem Naviglio Grande immer noch. Man entdeckt einfache und schöne alte Häuser mit Innenhöfen und Balkonen, schmale Straßen, kleine Bars, wo noch Mailänder Dialekt gesprochen wird und hie und da eine Trattoria mit einem Garten oder sogar eine Bocciabahn. Die größte Attraktion bleibt aber der Naviglio Grande mit seinen vielen gewölbten oder geraden Brücken aus Eisen oder Stein und der immer gleichen Perspektive des schnurgeraden, schimmernden Wasserlaufs, der sich am Horizont verliert.

Venedig

Während die Schiffahrt auf den Kanälen der Lombardei der Natur mit Fleiß, Erfindungsgabe und kluger Berechnung abgelistet wurde, war der Wasserverkehr nach Venedig bis Mitte des letzten Jahrhunderts eine Naturgegebenheit. Man kann das bei Goethe nachlesen, der sich am 28. September 1786 in Padua auf dem Brenta-Fluß einschiffte und am gleichen Tag um fünf Uhr Venedig zum ersten Mal erblickte. Über die Reise schreibt er mit der nüchternen Anschaulichkeit, die seine *Italienische Reise* so anziehend macht: »Wie es mir von Padua hierher gegangen, nur mit wenigen Worten. Die Fahrt auf der Brenta, mit dem öffentlichen Schiffe, in gesitteter Gesellschaft, da die Italiener sich voreinander in acht nehmen, ist anständig und angenehm. Die Ufer sind mit Gärten und Lusthäusern geschmückt; kleine Ortschaften treten bis ans Wasser, teilweise geht die belebte Landstraße daran hin. Da man schleusenweis den Fluß hinabsteigt, gibt es öfters einen kleinen Aufenthalt, den man benutzen kann, sich auf dem Lande umzusehen und die reichlich angebotenen Früchte zu genießen. Nun steigt man wieder ein und bewegt sich durch eine bewegte Welt voll Fruchtbarkeit und Leben.«

Als Goethe gut zwei Wochen später nach Rom weiterreiste, nahm er das Kurierschiff nach Ferrara, das über Chioggia durch Kanäle den Po erreichte, dessen minimales Gefälle die Schiffahrt in der riesigen, dem Meer zugewandten Ebene in beiden Richtungen möglich macht. Am 16. Oktober notierte er »früh, auf dem Schiffe«: »Meine Reisegesellschaft, Männer und Frauen, ganz leidliche und natürliche Menschen, liegen noch alle schlafend in der Kajüte. Ich aber, in meinen Mantel gehüllt, blieb auf dem Verdeck die beiden Nächte. Nur gegen Morgen ward es kühl ... Die Fahrt bei herrlichem Wetter war sehr angenehm, die Aus- und Ansichten einfach aber anmutig. Der Po, ein freundlicher Fluß, zieht hier durch große Plainen, man sieht nur seine bebuschten und bewaldeten Ufer, keine Fernen.«

Seit ein paar Jahren kann man übrigens wieder auf den Spuren Goethes nach Venedig reisen: vom 1. Mai bis zum 1. Oktober verkehren zwischen Padua und Venedig und auch zwischen Venedig und Ferrara an gewissen Wochentagen Ausflugsboote, die es dem Touristen erlauben, die Lagunenstadt vom Meer her zu erreichen und zu verlassen. Solche Touristenfahrten, auf denen man mit Speise, Trank und den Informationen eines Cicerone versorgt wird, sind allerdings nicht jedermanns Sache; nicht nur weil sie viel Zeit in Anspruch nehmen – für Zürich–Padua–Venedig per Zug und Schiff braucht es zwei Tage –, sie haben bei aller vermutlicher Schönheit doch auch die Künstlichkeit einer nostalgischen Touristenattraktion.

Zeitsparend und reizvoll ist heute vor allem die Flugreise, da Venedig zu den seltenen Städten gehört, deren einzigartige Lage man beim Anflug mit einem Blick erfassen kann: man sieht, wie die Ebene in das mit Inseln und Inselchen gefleckte Meer übergeht, und plötzlich steigt die flache Silhouette der Lagunenstadt mit ihren Kuppeln und Türmen wie ein Märchenbild vor einem auf. Man landet auf dem kleinen Flughafen von Mestre, der ans Meer grenzt und braucht nicht lange zu warten, bis ein Wassertaxi zum Markusplatz startet. Das ist ein öffentliches Verkehrsmittel mit vernünftigem Tarif. Wenn man im frischen salzigen Meerwind in der für die Motorboote ausgesteckten Rinne der Stadt entgegenfährt, begreift man mit einem Schlag, daß man schöner nicht nach Venedig reisen kann; zuerst in der Luft, dann im Wasser und die ganze Reise von Zürich bis zur Piazza San Marco in nur zwei Stunden. Im Sommer und im Winter.

San Marco im Schneetreiben

Obwohl alle Reiseführer Venedig wegen des milden Klimas rühmen, das es seiner Lage zwischen Meer und Festland verdankt, herrscht im Dezember, wenn feine Schneeflocken auf den Markusplatz herunterwirbeln, eisige Kälte. Die Venezianer wissen das und gehen – im Gegensatz zu den spärlichen Touristen – nicht ohne Schal, Hut, Woll- oder Pelzmütze auf die Straße und mummen ihre Kinder wie kleine Eskimos von Kopf bis Fuß in warme Sachen ein. Venedig im Schneetreiben ist fast so schön wie Venedig im Nebel, weil sich in beiden meteorologischen Phänomenen die für diese Stadt so typische Verwischung der Grenzen von Meer, Land und Himmel zu vollenden scheint. Die dünne Schneeschicht auf den Straßen dämpft das Geräusch der Schritte, das einen sonst überall so munter begleitet; neben den Stimmen der Menschen und ihrem Gelächter hören die geschärften Ohren auf einmal auch das Plätschern der Wellen, die an die Ufermauern schlagen.

Weil sich in Venedig aber Meer, Wind und Himmel ständig verändern, ist der Schnee am nächsten Tag schon Erinnerung, obschon er noch weiß auf den Dächern flimmert und mit der Türkisbläue des besonnten Meeres kontrastiert. Dafür beginnt an diesem strahlenden Dezembermorgen, wie so oft im venezianischen Winter, das Wasser über die Ufer zu steigen: um halb neun ertönt die Wassersirene, im Calle Vallaresso, zwischen dem Eingang zu Harry's Bar und dem Albergo Monaco, watet man um neun Uhr schon fußtief, und um zehn Uhr ist der ganze Markusplatz eine schimmernde Wasserfläche, in der sich Säulen und Fassaden spiegeln, welche dieses Privileg der Palazzi am Canal Grande sonst entbehren. Die gefräßigen Tauben, denen niemand mehr Maiskörner anbietet, sind verschwunden, und die Passanten drängen sich über die provisorischen Holzstege, die seit Tagen bereitstanden.

Das Hochwasser ist voraussehbar; an den Schiffsstationen kann man die Previsioni di mare, die Meerprognosen, für die nächsten vierundzwanzig Stunden konsultieren; graphische Darstellungen von Ebbe und Flut, die den Höchststand des Wassers über der entsprechenden Kurve mit einem roten Punkt signalisieren. An diesem Tag wird er um halb elf erreicht, zwei Stunden später blinken auf dem Markusplatz nur noch ein paar Wasserlachen, und man kann die Zeitungskioske wieder zu Fuß und ohne Gummistiefel erreichen. Daß sich die Venezianer der Bedrohlichkeit dieses Spektakels bewußt sind, zeigen die vielen Kleber an Hauswänden und Schaufenstern mit der Aufschrift »Basta con l'acqua alta. Mentre si discute la città affonda, Venezia = Vaiont?« (»Es reicht mit dem Hochwasser. Während man diskutiert, versinkt die Stadt.« Der Name Vaiont erinnert an die Dammbruchkatastrophe von 1963.)

Auch im Vaporetto der Schnell-Linie Nummer zwei von San Marco zum Bahnhof wird das Hochwasser diskutiert. Es entscheidet über die Befahrbarkeit des Rio Nuovo, der zweitgrößten Wasserstraße Venedigs, die den Weg zum Bahnhof verkürzt, indem sie eine Schleife des Canal-Grande-S durchschneidet. Auf der Höhe der stolzen gotischen Ca'Foscari müßte der Dampfer nach links einbiegen, falls er unter den Brückenbogen des Rio Nuovo noch durchkommt. Er bleibt aber im breiten grünen Canal Grande, und manche Fahrgäste müssen die Hoffnung fahren lassen, ihren Zug oder ihren Bus noch rechtzeitig zu erreichen. Man gleitet durch die Prunkstraße der großen Paläste, die sich dem Auge stets in sanfter Schwingung darbietet, »la plus belle rue qui soit au monde et la mieux moissonée«, wie Philippe de Commynes, Gesandter Karls VIII. von Frankreich, vor fünfhundert Jahren schrieb. Man sieht die vom Wasser überspülten Marmorstufen der schönen Portale und ahnt, daß Menschen, deren Haustür sich aufs Wasser öffnet, ein ganz anderes Lebensgefühl haben müssen als Binnenländer. Die Tür zum Kanal verbindet sie mit dem Meer, mit der flüssigen Fläche, die alle Kontinente umschließt.

Auf einmal begreift man auch, warum es in Venedig zahllose Kanäle ohne einen besonderen Namen, aber kein einziges namenloses Straßenstück gibt; jeder Hof, jeder Durchgang, jede Sackgasse und jede Andeutung eines Platzes sind genau bezeichnet. Alles, was sich vom einigenden und umgreifenden Element des Wassers abhebt, hat seine unverwechselbare Identität, ist Calle, Salizzada, Lista, Ramo, Corte, Sottoportego, Riva, Fondamenta, Campo oder Campiello. Der Reichtum der venezianischen Straßenterminologie sucht seinesgleichen und bedient sich mit stolzer Selbstverständlichkeit des Dialektes: es heißt Sottoportego, nicht Sottoportico, San Zulian, nicht San Giuliano. Das Venezianische spricht man schließlich seit tausend Jahren, während die italienische Schriftsprache höchstens sechshundert Jahre alt ist.

Im übrigen besteht ein ironischer Kontrast zwischen der Genauigkeit der Ortsbezeichnungen und der sozusagen totalen Unmöglichkeit, sich im Gewirr der Gassen und Kanäle zurechtzufinden, ein Unternehmen, das einen mit schöner Regelmäßigkeit ans Ufer kleiner Querkanäle führt, wo die Gondeln im Winterschlaf liegen. In den meisten Führern und Plänen fehlen die Straßennamen; um einen vollständigen Stadtplan aufzutreiben, muß man beim Planungsbüro der Stadtverwaltung vorsprechen. Es ist auch kaum möglich, einen Weg zu erklären, und die Venezianer, die das wissen, nehmen sich im Winter Zeit, um die Ortsunkundigen bis an ihr Ziel zu begleiten.

So läßt sich auch die kleine Wirtschaft *Antica Besseta* in der Nähe der Vaporetto-Haltestelle Riva Biasio finden, wo sich der Speisezettel nach der Jahreszeit richtet und den Touristen nicht das ganze Jahr hindurch die gleichen tiefgekühlten Seezungen und Steinbutte vorgesetzt werden. Im Dezember gibt es dort *Moleche*; das sind Krebse, die in der Paarungszeit ihren Panzer verlieren und ganz gebacken werden können. Auf Nachfrage verrät der Wirt das Rezept der Delikatesse: man zerschlägt Eier in einer Schüssel, gibt die lebenden Krebse dazu und einen schweren Deckel darauf. Nach zwei Stunden haben die Krebse die Eier gegessen und werden im Mehl gewendet und im Öl fritiert. Nur sture Tierschützer werden an diesem schlichten und raffinierten Rezept Anstoß nehmen, in dem der naive und genießerische Einfallsreichtum der venezianischen Fischer so schön zum Ausdruck kommt.

Genua

Das Reisen mit der Eisenbahn ist in Italien, wie anderswo, eine der besten Möglichkeiten, ein Land und seine Menschen kennenzulernen. In Italien ist das Zugfahren besonders ertragreich, weil die Italiener kontaktfreudige Reisegenossen sind, die dem unbekannten Passagier, den der Zufall ihnen gegenübersetzt, mit lockerer und freundlicher Neugier begegnen, sei es, um seine Herkunft und sein Reiseziel zu erfahren, um politische Tagesfragen zu erörtern oder wenigstens, um mit ihm Zeitungen und Illustrierte als Reiselektüre auszutauschen. Das wissen auch die Kellner in den italienischen Speisewagen, denen es nie in den Sinn käme, zwei einzelne Gäste an zwei verschiedene Tischchen zu setzen, wie das nördlich der Alpen Brauch ist. Sie weisen den beiden Einzelgängern selbstverständlich den gleichen Tisch an, in der berechtigten Hoffnung, daß die gemeinsame Mahlzeit ihnen auch die Zunge zum Gespräch lösen wird. Sie wissen, daß Reisen und Essen eigentlich gesellige Angelegenheiten sind und daß die Simultaneität von Reisen, Essen und Reden das Lebensgefühl auf angenehmste Weise intensiviert.

Die schönste Eisenbahnstrecke Italiens ist für mich diejenige von Genua nach La Spezia, wo ich mit Ido viele Ferien verbracht habe. La Spezia ist ein Geheimtip für

Sommerferien, den man ruhig verraten kann: denn der Charme dieser kleinen Hafenstadt ist so versteckt, daß hier keine Toursteninvasion zu befürchten ist, wie in den benachbarten Cinque Terre, wo man in der schönen Jahreszeit fast soviel deutsch wie italienisch hört. In La Spezia dagegen gibt es selbst im Juli und im August kaum Touristen, dafür Hotels mit freien Zimmern, friedliche Straßen und Trattorien mit freundlichen Kellnern und sorgfältigen Köchen. Und neben den vielen kleinen Dampfschiffen, die einen an die schönen Strände von Lerici, Fiascherino, Porto Venere und Palmaria führen, gibt es die Eisenbahn in die Cinque Terre, wo die Berghänge so steil zum Meer abfallen, daß man praktisch immer in Tunnels fährt und nur auf den Bahnhöfen einen Blick aufs Meer tun kann. Der Wechsel zwischen dem Tunneldunkel und dem hellen Licht der Meeresküste gibt übrigens der ganzen Strecke bis Genua ihren Reiz. Die vor einem Jahrhundert erbaute Küstenbahn führt durch über fünfzig Tunnels und ist für Kinder und eisenbahnbegeisterte Männer ein unerschöpflicher Quell des Vergnügens. In den Cinque Terre ist die Bahn die einzige Verbindung zwischen den fünf Dörfern und aus den schöngewölbten altmodischen Tunneleingängen weht selbst im heißesten Sommer angenehme Kühle auf die kleinen Bahnhöfe.

Genua ist für mich wegen dieser Ferien nie etwas anderes gewesen als eine Umsteigestation auf dem Weg von Zürich nach La Spezia. Manchmal haben wir das Umsteigen zwar auch dazu benützt, eine Nacht in Genua zu verbringen und uns am andern Morgen in der Stadt etwas umzusehen. Einmal blätterte ich vor dem Einschlafen im

Hotel *Firenze e Zurigo* im Reiseführer und ließ mich von den Zeilen über den Friedhof von Staglieno so beeindrucken, daß ich am andern Morgen in den Bus gestiegen und hingefahren bin.

Wo der Tod eine Frau und die Zeit ein Mann ist

Auf den ersten Blick kommt einem die monumentale Friedhofanlage von Staglieno wie ein Spiegel der Stadt Genua vor, in deren Nordosten sie zwischen 1844 und 1855 erstellt wurde. So wie die Stadt vom volkstümlichen Hafenquartier stufenweise ansteigt zur vornehmen Via Garibaldi, in der sich die Paläste der großen genuesischen Familien aneinanderreihen, so findet man auch in der Totenstadt der Genueser eine klare räumliche Trennung zwischen den armen und den reichen Leuten. Die Toten der aristokratischen Familien ruhen in Grabkapellen, die über einen grünen Hügel mit üppiger Vegetation von Pinien, Palmen und Zedern verstreut sind und mit ihren verriegelten, vergitterten und mit dreifachen Schlössern gesicherten Eingängen an die Macht der Familie erinnern, die in dieser Handelsstadt stets eifersüchtig gehütet und gepflegt wurde. Es gibt auf dem großzügig angelegten Hügel noch Platz für solche Familienkapellen; man muß dafür allerdings ungefähr 300 Millionen Lire anlegen, wie man vom städtischen Friedhofführer erfahren kann. Die billigen Gräber befinden sich in der Ebene, wo sie dicht gedrängt nebeneinander im riesigen Rechteck des alten Friedhofgebäudes liegen, das durch zwei sich kreuzende Wege geviertelt wird. Und auf der Wegkreuzung erhebt sich, den gewaltigen Proportionen der Anlage entsprechend, die neun Meter hohe Statue des Glaubens, eine robuste Frauengestalt mit einem Strahlenkranz um den Kopf. Das weite Gräberfeld mit den geometrisch gestutzten Zypressen, den akkuraten Buchseinfassungen und den unzähligen Kreuzen, Tempelchen und Grabsteinen, auf denen Blumen, eingerahmte Photos und ewige Lichter oder Kerzen selten fehlen, ist der belebteste und farbigste Teil des Friedhofs.

Berühmt ist Staglieno aber weder durch seine volkstümlichen noch durch seine aristokratischen Grabstätten geworden, sondern durch die aufwendigen Grabskulpturen in den Nischen und zwischen den Säulen der hohen, schön gewölbten Bogengänge, die den Friedhof umgeben. In diesen Skulpturen, die fast alle aus der zweiten Hälfte des letzten Jahrhunderts stammen, hat sich das reiche Bürgertum der Stadt ein Denkmal geschaffen, das seinesgleichen sucht. Vor ihnen verweilen die Touristen aus Spanien, Portugal und Griechenland, die jeden Sommer Busreisen zur Nekropole der Hafenstadt unternehmen und die beiden von der Stadt besoldeten Fremdenführer voll beschäftigen. Sie bewundern die Grabmäler der reichen Genuesen als Zeugnisse eines Totenkultes, der wohl nirgends sonst so realistisch, üppig und diesseitig zelebriert worden ist.

Große Kunstwerke gibt es im Friedhof von Staglieno nicht zu bewundern; die meisten Darstellungen stammen von ligurischen Bildhauern, die Luigi Orengo, Giulio Monteverde, Leonardo Bistolfi, Antonio Besesti, Giambattista Villa oder Santo Saccomanno hießen und heute mehr oder weniger vergessen sind. Auch berühmte Tote fehlen in diesem Friedhof weitgehend; die einzige Ausnahme ist Giuseppe Mazzini, der am Abhang des Hügels unter Bäumen in einem schlichten Säulengrab liegt. Die Auftraggeber der Bildhauer waren nicht Intellektuelle oder Politiker; es gibt unter ihnen wohl ein paar Universitätsprofessoren, ein paar Ärzte, Apotheker und Advokaten; die Mehrzahl aber waren Unternehmer, Kaufleute, Ladenbesitzer, für die das Grab nicht nur eine Sache des Familiensinns und des Prestiges war, sondern auch eine Art postume Reklame. Die Hinterbliebenen sind denn auch meist wichtiger als die Dahingeschiedenen, die hinter gemeißelten Türen verborgen bleiben oder als Medaillon auf einer Marmorwand erscheinen, während die trauernde Witwe und die kleinen Waisen in ihrer vollen und anmutigen Körperlichkeit dargestellt sind, wobei viel Sorgfalt auf die reiche und erlesene Kleidung verwendet wurde; besonders liebevoll behandeln die ligurischen Buonarottis und Donatellos den feingearbeiteten Spitzenschal, mit dem die untröstlichen Witwen sich mehr schmücken als verhüllen. Es gibt auch große Familienszenen im Halbrelief oder vollplastisch, wo sich die Angehörigen dicht um das Bett des Toten scharen, der eben seinen letzten Atemzug getan hat, während entferntere Verwandte etwas abseits stehen, in einer Position, die exakt ihrer Erbberechtigung entspricht. Alle Figuren sind mit einer fast besessenen hyperrealistischen Genauigkeit dargestellt: der Marmor bildet nicht nur irdischen Tand wie Fransen, Trauerflor, Ohrringe und Uhrketten nach, sondern offenbart auch die Spuren der Zeit in den Hautfalten, groben Poren und Warzen der Gesichter. Man steht vor einem Triumph des Vergänglichen, der über das Geschehen des Sterbens hinwegmogelt.

Unter den vielen Statuen wohlhabender Bürger steht etwas abseits als pittoreske Ausnahme, welche die Show der Reichen bestätigt, das Grabmal der Caterina Campodonico, einer Hausiererin, die ihr Leben lang an Wallfahrtsorten Haselnüsse und gebratene Marroni verkaufte, damit sie ihr Weiterleben nach dem Tod als Statue bezahlen konnte. Sie hat ihre Ersparnisse dem damals berühmten Bildhauer Orengo gebracht, und er hat sie 1881 lebensgroß und naturgetreu nachgebildet: im Sonntagskleid, eine Kette von Haselnüssen, die an Bindfäden aufgereiht sind, in der Hand und im bäuerlichen Antlitz den stolzen und ein wenig bitteren Ausdruck einer Frau, die meint, sie habe es geschafft.

Nicht alle Grabmäler begnügen sich jedoch mit der naturalistischen Darstellung realer Personen: wo der Tod von den Auftraggebern nicht nur als Anlaß zur Repräsentation abgetan, sondern auch in seinen metaphysischen, religiösen Schmerz und Trauer auslösenden Aspekten begriffen wird, ergeht man sich gern in allegorischen und symbolischen Darstellungen. Besonders beliebt sind wohlproportionierte und dekorative Engel der Trauer, die den Sarkophag der Verstorbenen mit Blumen und Kränzen schmücken oder seltener auch nur still beweinen. Andere Engel ziehen die Segel einer Lebensbarke ein, die ihre Fahrt auf dem Meer des Lebens beendet hat oder stellen mit der abgelaufenen Sanduhr in der Hand das Erlöschen eines Lebens fest. Zu diesen Engeln, die alle sehr weiblich und üppig geformt sind, gesellen sich allegorische Frauengestalten, die Ideen wie Glauben, Ruhm und Ewigkeit in sehr sinnlicher Weise verkörpern, Ideen, die im Italienischen durch weibliche Substantive ausgedrückt werden: la morte erscheint in Frauenkleider gehüllt, während die Zeit – il tempo – als Greis an einem Sarkophag Wache hält.

In den allegorischen Frauenfiguren kann sich die süße und schwülstige Sinnlichkeit der Zeit frei entfalten. Man kann darauf setzen: wo eine Frau nackt oder spärlich bekleidet ist, handelt es sich weder um eine Tote noch um eine Lebende, sondern um eine Idee. Ideen, die nie etwas Makabres oder Beunruhigendes haben, sondern sich durch schöne Schultern, feste Brüste, geschwungene Hüften und reiches Lockenhaar auszeichnen und viel mehr an Eros als an Thanatos erinnern. Sie bringen nicht nur Sinnlichkeit, sondern auch die robuste Zuversicht zum Ausdruck, mit der die Bürger der Hafenstadt ihrem Tod entgegensehen, in der festen Erwartung, daß ein sparsames, fleißiges und gottesfürchtiges Leben mit einem Platz im Paradies entschädigt wird. Das beweisen auch die vielen Grabmäler, die zeigen, wie die Seele des Abgeschiedenen direkt in Abrahams Schoß aufsteigt oder, noch häufiger, von früher verstorbenen Familienangehörigen, die sich inzwischen in Engel verwandelt haben, in Empfang genommen wird. Es gibt auch Cherubine, die sich als freundliche Wegweiser auf dem Flug ins Paradies zur Verfügung stellen und Christusfiguren, die einen toten Vater und dessen am Katafalk kniende Tochter im reichen Rüschenkleid in die gleiche Segensgebärde einbeziehen.

Von Selbstvertrauen zeugen auch die Grabinschriften, meist Kurzbiographien, welche die kaufmännischen Fähigkeiten der verstorbenen Unternehmer und die häuslichen Tugenden ihrer verblichenen Gattinnen rühmen. Der Bürger erscheint meist als »liebevoller Vater und Kaufmann, der nutzbringende und für die Armen wohltätige Industrien und Handelsunternehmen gründete, leitete und förderte« oder aber »sich durch Klugheit, Arbeitswillen und Sparsamkeit aus bescheidenen Anfängen zum Range des Kaufmanns erhob«. Die seligen Hausfrauen sind bescheiden, sanft und fleißig, in Ausnahmefällen »von männlicher Klugheit und handfester Frömmigkeit«, und Seltenheitswert hat das lakonische Epitaph »Dal talamo al tumulo« (Vom Ehebett zum Grabhügel), das ein sparsamer oder ein ausschließlich auf die Treue seiner Frau stolzer Ehemann auf ihren Sarkophag meißeln ließ.

Parma

Lange bevor ich nach Parma kam, hatte ich von dieser Stadt vielfältige und lebhafte Vorstellungen. Die erste und alltäglichste betraf natürlich den geriebenen Parmesankäse, der sich in Fleischbrühe, Minestrone und Risotto auflöst und ihnen eine zarte, cremige Konsistenz verleiht und nicht Fäden zieht, wie unser heimatlicher Emmentaler. Daß der Parmigiano auch ein königlicher Dessertkäse ist, weiß man bei uns kaum, vielleicht weil die Italiener ihren feinsten Parmesan gar nicht exportieren. Ein Bekannter von mir, der vom Reisen etwas versteht, hat mir erzählt, er habe in einem Restaurant in Parma, wie er das immer zu tun pflege, nach dem Essen etwas Käse aus der Gegend verlangt und zu seiner Überraschung ein Bröcklein strohgelben und reifen Parmesan bekommen, der ihm auf der Zunge und am Gaumen zergangen sei und würzige Milde verströmt habe.

Der Einwohner von Parma heißt, genau wie der Käse, Parmigiano und nur Journalisten und Festredner, denen das zu wenig fein ist, brauchen das latinisierende Parmense. Daß Parmigiano die richtige Form ist, beweist ja auch der neben Correggio berühmteste Maler dieser Stadt, der Parmigianino heißt. Eigentlich war sein Name Francesco Mazzola, weil er aber aus Parma stammte und von kleinem Wuchs war, wurde er unter der zärtlich klingenden Verkleinerungsform »Il Parmigianino« berühmt. Ich kannte diesen Parmigianino, der von 1503 bis 1540 lebte, durch eine Freundin, die eine Dissertation über sein berühmtes Selbstporträt schrieb, das als Meisterwerk zwischen Hochrenaissance und Manierismus gilt: der damals zwanzigjährige Maler hat sich in einem Konvexspiegel betrachtet und die optischen Verschiebungen mit subtiler Virtuosität auf ein Stück gewölbtes Pappelholz übertragen, das heute im Kunsthistorischen Museum in Wien zu bewundern ist. Dabei ist viel mehr als ein reines Bravourstück entstanden: die leichten Verzerrungen betonen das sanfte Rund des jungen Gesichtes, das sich selbst und dem Betrachter mit einem rätselhaft erwartungsvollen Ausdruck entgegenschaut. Aus Abbildungen kannte ich auch das Denkmal des Malers, das sich sinnvollerweise neben der Madonna della Steccata befindet, einem mächtigen Renaissancebau, der die schönsten Fresken Parmigianinos enthält. Verblüffend ist der Kontrast zwischen dem kleingewachsenen bescheidenen Mann auf dem Denkmal und den wundervollen, langgestreckten und eleganten »klugen Jungfrauen« in der Kirche, die, zwischen Rosen aus vergoldetem Kupfer, mit schlanken Fingern ihre Lampen halten und inmitten einer reichen und feinziselierten Dekoration von Lilien, Muscheln und Krebsen wie Elemente eines erlesenen Stillebens wirken.

Als Stadt habe ich Parma zum ersten Mal in Bernardo Bertoluccis Film *Prima della rivoluzione* gesehen: als stilvolles Gefängnis für einen jungen Revolutionär mit schmalen, mittelalterlichen Gassen, schönen, kopfsteingepflasterten Plätzen und der selbstbewußten Grazie klassizistischer Fassaden, hinter denen reiche Bürger ihr Privatleben mit Grandezza und ästhetischem Raffinement zelebrieren. Großartig die lange Sequenz im Teatro Regio, einem leicht verkleinerten Abbild der Mailänder Scala, mit dem unerhört steilen Absturz von der Galerie, über sechs Logenreihen hinunter zum Parkett, dessen Publikum von einer Aura raffinierter Eleganz und vitaler Sinnlichkeit umgeben erscheint. Bertolucci, der wie so viele berühmte Parmeser seine Vaterstadt verlassen hat, ist auch in seinen späteren Filmen immer wieder in seine Heimatprovinz zurückgekehrt, vor allem in Novecento, das in der schönen ländlichen Umgebung der Stadt spielt, wo es Pappelreihen, unendliche weite, fruchtbare Felder und Wiesen, alte einsame Bauernhöfe und kleine verlorene Dörfer gibt.

Wie die Bauern in der ländlichen Umgebung Parmas leben, denken und vor allem reden, das habe ich später bei Luigi Malerba erfahren, der 1927 in Berceto bei Parma geboren wurde und seit mehr als dreißig Jahren in Rom lebt. Sehr beeindruckt haben mich die bäuerlichen Helden seines ersten Erzählungsbandes *La scoperta dell'alfabeta* (Die Entdeckung des Alphabetes), alles bizarre und eigensinnige Leute, denen das Reden schwerfällt und die, was sie nicht mit Wörtern formulieren können, durch Gesten und Handlungen auszudrücken versuchen, die in ausdrucksvoller und zerstörerischer Weise der Realität unangemessen sind. Ein junger Bauer schneidet sich zum Beispiel einen Finger ab, um einem stolzen Mädchen seine Liebe zu zeigen, und ein anderer stößt seine ungetreue Frau in den

Sodbrunnen und gibt dann seiner unverminderten Liebe Ausdruck, indem er ihr Grab mit schönen Blumen schmückt. In Malerbas erstem Roman *Il serpente* (Die Schlange), den ich ins Deutsche übersetzt habe, taucht auch die Stadt Parma einmal auf, nur im Traum zwar, den der Ich-Erzähler, ein römischer Briefmarkenhändler, träumt: »Zuerst erscheint die Stadt, eingehüllt in den berüchtigten Erbsensuppen-Nebel der Poebene«; es folgt ein traumlogisch exaktes Flugpanorama, in dem es heißt:

»Ich schwebte über der Altstadt, ich grüßte die Leute, die vor den Wirtschaften saßen, unter mir war die gerade Linie der Via Emilia mit ihrem Verkehr von Autos und Fahrrädern, wenn ich höher flog, konnte ich mit einem einzigen Blick die ganze Stadt überblicken, von Barriera Vittorio bis Barriera Massimo d'Azeglio, von Barriera Solferino bis Cavalcavia und darüber hinaus die Straßen, die sternförmig in die Ebene des Nordens und gegen die Hügel des Südens führen. Am Handgelenk trug ich an einem Lederband einen Kompaß. Vielleicht waren mir noch andere Instrumente einverleibt, vielleicht auch nicht, auf jeden Fall flog ich nach allen Regeln der Kunst. Ein paar Nebelreste verschwanden von den Windstößen, die vom Bett des Wildbachs herkamen, weggefegt, hier in der Höhe war die Luft warm und weich, und unter mir sah ich die Dächer, die in der Sonne leuchteten, die Drähte der Straßenbahn und die Fensterscheiben, die blitzten. Viele Leute waren auf die Terrassen und auf die Dächer gestiegen, um mich zu sehen, und auf den Straßen waren Verkehrsstockungen entstanden. Am nächsten Tag würde in der Zeitung ein Artikel stehen, und ich konnte ihn Miriam zum Lesen geben. Ich kreiste um den Campanile des Doms, über den Kaminen der Teigwarenfabrik Barilla, alle steckten die Nase in die Luft, um mich zu sehen.«

Verdi, Tortelli und Correggio

Daß Parma eine Reise wert ist, wissen Feinschmecker und Opernliebhaber seit je. Das klassizistische Teatro Regio ist nicht nur eines der schönsten Theater Oberitaliens: es ist auch berühmt wegen seines Publikums, das auf die geringste falsch gesungene Note mit Pfiffen reagiert. Hier kann die öffentliche Verdammung eines Sängers so gnadenlos sein, daß es zum Theaterskandal kommt und verzweifelte Sopranistinnen sich weigern, ihre Rolle weiterzusingen. Es ist wahrscheinlich kein Zufall, daß Arturo Toscanini und Ildebrando Pizzetti aus Parma stammen, daß Giuseppe Verdi in der Nähe dieser Stadt geboren wurde und gelebt hat und daß auf dem Friedhof von Parma das pompöse Grabmal Niccolò Paganinis steht. Die Musik ist in Parma ein ebenso unerschöpfliches Gesprächsthema wie das Essen.

Die Gastronomie gehört hier zur Kultur, wie alle andern schönen Künste; gastronomische Bildung wird bewundert, und die Gespräche zwischen Kennern verraten eine ebenso profunde wie subtile Gelehrsamkeit. Dieser Respekt für die Kochkunst hängt zweifellos damit zusammen, daß die Wirtschaft der Provinz zum größten Teil auf dem Anbau und der Verwertung von Nahrungsmitteln beruht.

Zu den Meisterwerken der lokalen Gastronomie gehört der Parmesankäse, der heute in ungefähr 400 Käsereien hergestellt wird, die sich alle in einer gesetzlich begrenzten Zone der Provinzen Parma, Reggio Emilia und Modena auf der rechten Seite des Po-Flusses befinden. Auch Wein wird angebaut, vor allem Lambrusco, ein moussierender, trockener Rotwein, dem die Feinschmekker der Emilia ihren guten Appetit verdanken; denn er macht die fetteste Schweinswurst und das üppigste Teigwarengericht leicht und bekömmlich.

Beim weltberühmten Parmaschinken, der weder gekocht noch geräuchert wird, sondern ursprünglich nur mild gesalzen und dann an der Luft getrocknet wurde, handelt es sich heute um ein Industrieprodukt, zu dem, wie Kenner wissen, auch die Hinterbeine von Schweinen verwendet werden, die aus dem Ausland stammen. Anders wäre es ja nicht möglich, daß jedes Jahr sechs Millionen Parmaschinken auf den Markt geworfen werden. Ähnlich steht es bei der Parmalat, der größten Milchzentrale der Welt, die Milch verarbeitet, die in gekühlten Tankwagen aus Frankreich und Deutschland zugeliefert wird. Zu den Kolossen der Nahrungsmittelindustrie gehört auch die Barilla, die größte Teigwarenfabrik der Welt, mit einem Ausstoß von zehntausend Doppelzentnern am Tag, während bei der Fabrikation von Tomatenpüree die Jahresproduktion der verschiedenen Betriebe zwei Millionen Doppelzentner pro Jahr beträgt.

In Parma rühmt man sich eines raffinierten Geschmacks und pflegt die hohe Kunst, die gleichen Speisen in subtilen Varianten abzuwandeln. So füllt man die Tortelli, eine Art große Ravioli, nicht mit einer üppigen Fleischfarce wie in Bologna, sondern kultiviert zarte Fastenvarianten, die in hauchdünne Teighüllen eingeschlagen werden: die Tortelli di zucca sind mit gelblichem Kürbisfleisch gefüllt, das man mit zerstoßenen Amaretti und geriebenem Parmesan würzt, und die Tortelli di erbette enthalten eine Mischung aus Quark, Ei und einem mangoldähnlichen Gemüse, das nur in der Umgebung von Parma angepflanzt wird. Wer sich in Parma als ersten Gang eine dieser Tortellisorten bestellt und dazu einen lokalen Lambrusco oder San Giovese, wird vom Kellner jeder Trattoria sofort ins Herz geschlossen und kann sich für den Fortgang der Mahlzeit getrost dessen Fürsorge anheimstellen.

Außer der musikalischen und der gastronomischen Feinschmeckerei gibt es in Parma auch optische Delikatessen, die eine Reise lohnen: vor allem die Bilder und Fresken des Coreggio, des Parmigianino und die romanischen Skulpturen des Benedetto Antelami. Unvergeßlich ist mir der Sommer 1980, da man die Fresken des Coreggio in der Domkuppel aus zwei bis drei Meter Distanz betrachten konnte. Nach einer siebenjährigen Restaurierungszeit, waren die verantwortlichen Experten auf die wahrhaft menschen- und kunstfreundliche Idee gekommen, dem Publikum einmal die Gelegenheit zu bieten, die Kunst dieses Malers nicht mit zurückgebogenem Kopf, aus dreißig Metern Entfernung, während zweier kärglicher Beleuchtungsminuten zu bewundern, sondern seine von 1526 bis 1530 gemalte Mariä Himmelfahrt sozusagen auf Augenhöhe zu betrachten. So stand man hingerissen vor dem winddurchtriebenen Wolkenhimmel, aus dem sich ein triumphaler Reigen von Propheten, Engeln und Heiligen in den hellen Kelch des Gewölbes erhebt: ein anmutiges Gewirr von Beinen, Armen, Gesichtern, flatternden Gewändern und Musikinstrumenten, die vom rotierenden Wolkenkreis der Kuppel kompositorisch zusammengehalten werden. Diese Wolken sind aus der Nähe herrliche Wirbel von kräftigen Pinselstrichen, die das Licht absorbieren und langsam zurückgeben; ihre lichte Materie, die sich im Zenit in strahlende Helligkeit aufzulösen scheint, gibt den Fresken einen atmosphärischen Reiz, der der Malerei vor Correggio unerreichbar war.

Eine zweite Kuppel des Correggio kann man in der benachbarten Barockkirche San Giovanni Evangelista bewundern. Sie ist ein paar Jahre vor der Domkuppel entstanden und wirkt viel statischer und klassischer, obwohl auch sie ein visionäres Thema gestaltet: sie zeigt am äußersten Kuppelrand den auf Pathmos verbannten letzten Apostel, wie er in Ekstase die anderen Apostel erblickt, die sich im weiten Kreis um den im hellen Gewölbehimmel schwebenden Christus scharen. Auch hier ist die Wolke Kompositionsprinzip: die himmlischen Figuren stehen, sitzen und liegen auf großen, schweren Wolkenkissen, deren wattige Konsistenz wie eine malerische Vorausnahme der Softart anmutet.

Weitere Meisterwerke Correggios, den Stendhal über alles bewunderte und auf dessen clair-obscur er in seinem ganzen Leben immer wieder staunend zurückkam, findet man in der Pinakothek des Palazzo della Pilotta und vor allem in den Fresken der Camera di San Paolo. Die Äbtissin des Klosters San Paolo hatte 1518 den jungen Correggio beauftragt, ihren privaten Speisesaal auszumalen, und dabei ist ein Freskenschmuck von herrlicher heidnischer Sinnenfreude entstanden, der helles Licht wirft, auf das humanistisch geprägte Weltbild der auftraggebenden Äbtissin Giovanna Piacenza, die sich auch weigerte, unter ihren Nonnen die strengen Regeln der Klausur einzuführen. Von großem Reiz ist vor allem die in sechzehn Segmente aufgeteilte Kuppel, aus deren luftigem Laubwerk reiche Fruchtgirlanden herabhängen, während aus Lücken strahlenden Himmelblaus nackte Putten hervorschauen, die Jagdhunde an der Leine halten, mit Waffen spielen und um den Kopf eines eben erlegten Hirsches streiten, alles Anspielungen auf die Heimkehr der Diana von der Jagd auf dem Kamin, in deren anmutigen Zügen Correggio vermutlich seine adelige Auftraggeberin abgebildet hat. Zum Zauber Parmas gehört es, daß alle seine Sehenswürdigkeiten auf engstem Raum im Stadtkern nebeneinander zu finden sind. Von der Camera di San Paolo sind es nur ein paar Schritte bis zum Domplatz, der ganz von der strengen Schönheit romanischer Baukunst geprägt ist. Neben der klaren und stilreinen Fassade des Doms erhebt sich der mächtige Glockenturm aus Backstein und daneben steht das Baptisterium, das vom größten mittelalterlichen Bildhauer Italiens, von Benedetto Antelami, entworfen und mit Skulpturen geschmückt wurde. Es ist aus Veroneser Marmor, schmal und hoch gebaut und mit seinen zierlichen, um alle fünf Stockwerke laufenden Säulengalerien auch architektonisch das schönste romanische Baptisterium Italiens. Die plastische Dekoration der Türen, Architrave, Friese, Reliefs und Statuen ist ein Marmorbilderbuch, das trotz seiner reichen und komplexen Anlage den Betrachter unmittelbar anspricht: ich denke zum Beispiel an die Flucht nach Ägypten auf der Innenseite des Nordportals, wo die winzigkleinen Figuren von Josef, Maria und dem Engel, vor dem mit Sternchen bemalten Hintergrund der Lünette, den Eindruck des Wanderns durch die einsame Weite einer Sternennacht vermitteln, oder an die Reliefstelen der zwölf Monate, die in strenger und schlichter Harmonie die Bauern bei ihrer Arbeit rund ums Jahr zeigen: beim Hacken und beim Säen, beim Kornschneiden und beim Schweineschlachten, beim Faßbauen und beim Keltern.

Parmas Stadtzentrum ist fast autofrei und wirkt mit seinen schönen Häusern, seinen erlesenen Geschäften und seinen mit Eleganz gekleideten männlichen und weiblichen Bewohnern wie ein großer Salon, der zum Flanieren einlädt. Dazu kommen die vielen prächtigen Bars, wo salziges und süßes Backwerk den kennerischen Kunden von Stunde zu Stunde ofenfrisch angeboten wird. Hier herrscht unter Stammkunden und Personal ein frischer und munterer Umgangston: dem Herrn mit Embonpoint, der an der Theke bedauernd mitteilt, er halte im Augenblick Diät, wird von der Kassiererin zugerufen, da sollte er am besten in eine andere Stadt verreisen.

Parma ist mehr als jede andere italienische Provinzstadt von seiner höfischen Vergangenheit geprägt. Von 1545 bis zur Einigung Italiens war es Residenz von Großherzögen, die bis 1731 aus dem Haus Farnese stammten. An die kühne Phantasie dieser Fürsten erinnert vor allem der gewaltige Palazzo della Pilotta, dessen ausgedehnte Anlage nie vollendet wurde, so daß er mit seinen Vorplätzen, Säulengängen und Innenhöfen nur dazu zu dienen scheint, gigantische Proportionen zu demonstrieren. Er enthält neben Museen, Gemäldegalerien, Bibliotheken und Verwaltungsräumen auch das wundervolle Teatro Farnese, das ganz aus Holz gebaut ist und das erste Beispiel eines modernen Theaterbaus mit großem Zuschauerraum und verwandelbarer Szene darstellt. Auch hier sind die Proportionen ins Riesenhafte gesteigert: der mit Reiterstatuen und Schnitzereien überreich geschmückte Zuschauerraum faßt fünftausend Personen, und auf dem monumentalen Schnürboden der Bühne öffnen sich Perspektiven, die an Piranesi erinnern. Dieses Theater, in dem sich der megalomane Lebensstil der Farnese-Fürsten spiegelt, gehört zu den Hochzeitsgeschenken, mit denen Ranuccio I. im Jahr 1628 seine florentinische Schwiegertochter Margherita de' Medici in Parma begrüßte. Es war nur im 17. Jahrhundert in Gebrauch, brannte während des Zweiten Weltkriegs ab und wurde rekonstruiert.

Angenehme Erinnerungen hat man sich in Parma von der langen und friedlichen Regierungszeit einer Frau bewahrt: 1815 wurde Napoleons zweite Gemahlin, Marie Louise von Österreich, als Großherzogin von Parma, Guastalla und Piacenza eingesetzt, wo sie bis zu ihrem Tod im Jahre 1847 regierte. Sie brachte den Glanz und die Lebensfreude des französischen und österreichischen Hoflebens in die oberitalienische Residenz, zog Brokat- und Seidenhändler, Schneider, Kürschner und Konditoren aus Paris und Wien an ihren Hof und war für Maler, Architekten, Musiker und Schriftsteller eine liebenswürdige Mäzenin. Für ihre opernbegeisterten Untertanen hat sie nicht nur das Teatro Regio erbauen lassen, sondern sich auch um den Bau von Straßen, Brücken, Schulen und Krankenhäusern verdient gemacht. Die Erinnerung an das Matriarchat der Duchessa Maria Luigia wird in den alten Parmeser Familien noch heute liebevoll gepflegt; ein schönes Beispiel dafür ist das Museo Glauco Lombardi, das 1961 in den hohen hellen Räumen des klassizistischen Palazzo della Riserva eingerichtet wurde. Es enthält einen kostbaren Schatz von Erinnerungsstücken aus der Napoleonischen Zeit und aus dem höfischen Alltag der Großherzogin. Man kann hier den zierlichen Aquarellierkasten und die elfenbeinernen Stickereiutensilien der Fürstin betrachten, einen Blick auf die sorgfältige Kalligraphie ihrer Briefe, Reisenotizen und Tagebücher werfen, die Gesichtszüge ihres morganatischen Gatten, des Fürsten von Neipperg, studieren und in Aquarellen, Kupferstichen und Ölbildern den Geschmack und die Lebensart einer vergangenen Epoche wahrnehmen.

Die Erinnerung an die französische Lebensart der guten Herzogin hat sich aber auch in der Cucina parmigiana erhalten. In den renommierten Restaurants der Stadt serviert man wie in Frankreich Butter zum Antipasto, und der Parmaschinken kommt ohne seinen ländlichen Fettrand auf den Tisch. Auch die beliebten Geflügelschenkel, die mit Käse oder Schinken gefüllt und mit einer weißen Crèmesauce serviert werden, stammen offensichtlich aus der französischen Küche, und im Ristorante *Aurora* sollte man nicht vergessen, ein delikates Truthahnschnitzel zu degustieren, das Maria Luigia zu Ehren als Tacchina alla Duchessa auf der Speisekarte figuriert.

Unterwegs nach Modena

Die schönen Städte der Poebene habe ich wahrscheinlich nur so gut kennengelernt, weil ich gern mit dem Auto nach Rom gefahren bin und dabei die Reise meistens in Piacenza, Parma, Modena oder Bologna unterbrochen habe. Einmal hat es auch nur bis Casalpusterlengo gereicht, als ich allein reiste, erst spät in Zürich wegkam und vor Mailand bei strömendem Regen in den schlimmsten Lastwagen-Abendverkehr geriet, wie ihn Fellini in seinem Roma-Film so apokalyptisch geschildert hat. Ich verließ die Autobahn bei der ersten möglichen Ausfahrt: es war die von Casalpusterlengo, einer Ortschaft ohne Hotel, wo ich in der einfachen *Locanda del Cavallo Bianco* übernachtete und am nächsten Morgen, als ich ausgeruht und munter die Fensterläden öffnete, den Kopf des weißen Pferds, das der *Locanda* den Namen gibt, direkt unter meinem Fenster aus der Wand ragen sah. Die Wirtin, der ich erzählte, wie gut ich geschlafen hatte, meinte, es sei eine bewährte Reiseregel, daß man tagsüber die großen Städte besuche, die Nacht jedoch auf dem Lande verbringe, wo die Luft gut, die Preise niedrig und die Nächte ruhig seien.

Ich habe diesen vernünftigen Rat nie mehr befolgt; nicht weil ich es genieße, in einem lärmigen Stadthotel zu übernachten, sondern weil es für mich etwas Anziehendes ist, mitten in einer fremden Stadt zu erwachen, auf belebte Straßen hinauszutreten, beim Morgen-Espresso einen Blick in die Lokalzeitung und auf die ungewohnte Umgebung zu tun, einer romanischen Kirche einen kurzen Besuch abzustatten, durch ein Museum zu spazieren, Straßen, Plätze und Kolonnaden wiederzuerkennen und auch die Auslagen der Geschäfte zu studieren.

Dazu kommt, daß der, welcher mit dem Auto reist, nicht nur sorglos Bücher kaufen kann, sondern auch die Möglichkeit hat, sich mit Wein und Olivenöl einzudecken. Man braucht zu diesem Zweck nicht über besondere Adressen oder Informationen zu verfügen. Die Italiener sind passionierte Selbstversorger und geben gern Ratschläge, und wo Reben und Oliven wachsen, findet man mit größter Sicherheit auch Bauern, die bereit sind, einem Öl und Wein zu verkaufen. Der beste Weg, um eine einheimische Ölpresse zu finden, ist in einer kleinen Ortschaft eine alte Frau auf der Straße zu fragen, wo man wohl Öl aus der Umgebung kaufen könne. Sie wird einen in neunundneunzig von hundert Fällen zu Bekannten führen, die eigenes Olivenöl haben. Für Olivenkenner, welche die im Februar und März gepreßten Oliven den vorweihnachtlichen vorziehen und nicht nur die besonderen Qualitäten der verschiedenen Olivensorten genau unterscheiden, sondern auch Wert auf den Standort der Bäume legen und wissen, daß die Pflanzen der Umgebung das Aroma der Oliven beeinflussen, ist diese Methode natürlich zu simpel; als Nordländer ist man weniger anspruchsvoll und auf jeden Fall zufrieden, ein Öl zu bekommen, das keine chemischen Prozesse durchgemacht hat.

Daß man mit dem Auto in Italien auch Schwierigkeiten haben kann, ist fast zu bekannt. Als allgemeine Vernunftregel muß gelten, daß man ein Auto mit Koffern weder verschlossen noch unverschlossen außer Sichtweite stehenlassen darf. Das Dilemma beginnt erst beim leeren Wagen, der auch kein wertvolles Radio enthält: Läßt man ihn offen stehen, so kann das Unbeschäftigte zu einer Spritzfahrt verlocken; schließt man ihn ab, so liegt für Diebe die Vermutung auf der Hand, daß irgend etwas Wertvolles darin versteckt sein muß und sie schlagen ein Fenster ein, um sicherheitshalber nachzuschauen. Das ist mir einmal in Rom am Lungotevere della Farnesina passiert. Die Reparatur, zu der sich am nächsten Tag ein Tankwart in der Nähe meines Hotels bereit erklärte, hat mich den Ärger aber rasch vergessen lassen. Der Mann stieg sogleich mit einem Freund in sein Auto, um in einer Fiat-Garage das Ersatzfensterchen für mein altes Automodell aufzutreiben. Sie mußten verschiedene Garagen abklopfen und waren erst nach anderthalb Stunden wieder zurück. Als ich abends zur Tankstelle kam, waren mindestens sechs Personen um mein Auto versammelt und schauten kommentierend zu, wie der Tankwart die Scheibe einsetzte, während sein Gehilfe ihm mit der Taschenlampe leuchtete. Und am Schluß verlangte der freundliche Mann nur den Preis des Ersatzteils. Diese spontane Hilfsbereitschaft gehört halt genau so zum Bild Italiens wie die Auto- und Gepäckdiebe.

Beim Autofahren erlebt man auch, vor allem als Mitfahrer, die Landschaft viel intensiver als vom Zug aus, schon weil man nicht nur auf eine Seite hinausblickt, sondern das Panorama der Landschaft auch vor sich hat. Stärker als beim Autofahren kann man die Gegend höchstens beim Radfahren erleben, denn am Straßenrand gibt es für den Reisenden viel mehr Überraschungen als am Rand der Schienen: man kann zum Beispiel anhalten und nachschauen, ob die großblättrigen Distelpflanzen, die so silbergrau schimmern wie Olivenbäume, tatsächlich Artischocken sind, und nachts kann es einem in der südlichen Toskana passieren, daß das Licht der Scheinwerfer auf zwei große Stachelschweine fällt, die friedlich und neugierig am Rand der Straße beisammenstehen.

Stadt der Radfahrer und Feinschmecker

Für die meisten Italientouristen ist Modena auf der Fahrt nach Florenz, Rom oder Neapel nur ein Bahnhof oder ein Schild auf der Autobahn. Man weiß nicht, daß es sich lohnen würde, hier die Fahrt zu unterbrechen, um eine der liebenswürdigsten und schönsten italienischen Provinzstädte kennenzulernen, zu deren Besichtigung man keinen dickleibigen Führer, sondern nur offene Augen braucht. Wer einmal in Modena übernachtet hat, wird immer wieder zurückkehren in diese heitere und höfliche Stadt, wo sich der schönste romanische Dom der Emilia, die kostbarste mit Miniaturen geschmückte Handschrift Italiens und das unvergleichliche Restaurant *Fini* befinden.

Eine besonders angenehme Überraschung bietet Modena dem ausländischen Autofahrer. Das historische Zentrum der Stadt ist autofrei; das Fahrverbot gilt aber nur für die Bewohner der Stadt und der Provinz Modena; Ausländer und Italiener aus anderen Provinzen können ungehindert ihr Hotel in der Altstadt erreichen, vorsichtshalber im Schrittempo und unter aufmerksamer Beobachtung der Radfahrer, denen in Modena neben den städtischen Autobussen die Straßen gehören. Man kommt sich in dieser Stadt der Po-Ebene oft wie in Holland oder Belgien vor, so sehr dominiert das Fahrrad im Stadtbild: Vor allem morgens vor acht Uhr, wenn Männer und Frauen in die Fabriken zur Arbeit fahren, sieht man weit und breit nur Zweiräder. Da würde man nicht denken, daß Modena auch ein Zentrum der Automobilindustrie ist und für die Fans von schnellen Wagen nichts anderes als der Sitz der Ferrari- und der Maserati-Werke.

In der Altstadt von Modena, die umschlossen ist von einem grünen Ring von Alleen, Parks und Spielanlagen, die anstelle der ehemaligen Stadtmauern errichtet wurden, fehlt auf jeden Fall das für italienische Städte so typische Gehupe und Motorengeheul. Das gibt ihr den Reiz einer vergangenen Epoche, in der die auffallendsten Stadtgeräusche die Stimmen und die Schritte der Menschen waren. In Modena kann man tagsüber diesen beiden Geräuschen folgen, um ohne Stadtplan die Hauptstraße und den Hauptplatz zu finden.

Die Hauptstraße ist die Via Emilia, die die Stadt von einem Ende zum andern durchquert. Sie geht auf die Via Aemilia zurück, die die Römer 187 v. Chr. bauten, als sie Norditalien kolonisierten. Sie durchquert auch Reggio Emilia, Parma und Piacenza; in diesen Städten trägt sie aber andere Namen; nur in Modena hat man an der alten, schlichten Bezeichnung festgehalten, und das ist sehr kennzeichnend für diese Stadt, in der man viel weniger als anderswo vom italienischen Hang spürt, sich in einer ruhmreichen Vergangenheit mit großen Helden und Künstlern zu spiegeln. Es gibt auffallend wenig Denkmäler; die fast unvermeidlichen Garibaldi- und Mazzini-

Statuen fehlen. Der Hauptplatz, der in der Mitte der Stadt vor dem Dom liegt, heißt ganz einfach Piazza grande, und sein einziger Schmuck ist ein mächtiger Block aus rosafarbenem Veroneser Marmor, der auf zwei niedrigen Backsteinsockeln ruht: Es ist der Rednerstein, der an die demokratische Frühzeit der Stadt erinnert; Modena war, bis es 1288 unter die Herrschaft der Herzöge von Este geriet, eine freie Stadtkommune mit republikanischer Verfassung. Der Block wird noch heute bei politischen Veranstaltungen als Rednerpodest verwendet.

Die Piazza grande ist einer der schönsten Plätze Italiens, wenn man seiner Südfront, einem häßlichen Bankgebäude faschistischer Architektur, den Rücken kehrt und gegen den Dom schaut, der zusammen mit dem Glockenturm und dem Palazzo comunale, dem Rathaus, den romanischen Stadtkern bildet. Die Kieselsteine, mit denen er gepflastert ist, stammen aus dem Bett des nahen Serchio-Flusses. Es ist ein Platz zum Staunen, obwohl er nichts Monumentales hat, sondern von einfacher und lebendiger Harmonie erfüllt ist. Die Südflanke des Doms mit der bewegten Schönheit ihrer Loggien und Arkaden und den beiden eindrucksvollen Löwenportalen und das Rathaus mit seinen geräumigen Bogengängen sind die Kulissen eines Schauspiels, das hier jeden Morgen zwischen 9 und 13 Uhr von den Männern der Stadt aufgeführt wird. Sie stehen in wechselnden Gruppen über den ganzen Platz verteilt und diskutieren so eifrig und intensiv, daß ein tiefes, gleichmäßiges und gewaltiges Stimmengewirr entsteht, das in den Straßen und den kleinen Plätzen rund um den großen Platz widerhallt. Es sind ausschließlich

Männer, die hier zusammenstehen und wie man hört, vor allem Viehhändler – Modena hat den größten Viehmarkt ganz Italiens – und Pensionierte. Es ist nicht einfach, ihren ländlichen Dialekt zu verstehen; aber ich habe einmal deutlich gehört, wie ein breitschultriger Händler einem andern die folgende Frage stellte, in der sich Witz und Berechnung vermischten: »Wenn du mir den Preis nennst, den ich mir vorstelle, um wieviel gehen wir dann noch tiefer?« So bietet diese fortschrittliche norditalienische Industriestadt auf ihrem Hauptplatz das Bild einer reinen Männergesellschaft. Die Frauen sind auf dem Platz nur als stille Statuen hoch über den Köpfen der Männer gegenwärtig: In einer Nische des Uhrturms am Rathaus steht eine reich geschmückte Marienstatue aus dem 18. Jahrhundert, und an einer Ecke des gleichen Gebäudes befindet sich unter einem Muschelbaldachin eine nur 137 Zentimeter hohe romanische Statue, die man als die berühmteste Frau von Modena bezeichnen kann, eine schlichte und anmutige Figur, deren Herkunft und Bedeutung bei den Kunsthistorikern umstritten sind; in Modena wird sie jedoch als eine Wohltäterin der Armen angesehen und Bonissima genannt.

Der Dom von Modena ist eines der vollkommensten und homogensten romanischen Bauwerke Italiens. Er entstand zwischen 1099 und 1140 aus dem Teamwork des lombardischen Architekten Lanfranco und des Bildhauers Wiligelmus, dessen Plastiken nicht nur in ihrer Struktur, sondern auch in technischer Hinsicht Bestandteil der Mauersubstanz sind. Die Skulpturen der Hauptfassade sind allerdings seit mehreren Jahren hinter Gerüsten verborgen, da sie unter den Abgasen der Autos stark gelitten haben und restauriert werden sollen. Was den Touristen im ersten Augenblick enttäuscht, erweist sich in der Folge als einmalige Chance. Der Sakristan des Doms schließt einem die Tür zu den Gerüsten links und rechts des Hauptportals auf, und man kann eine steile Leiter hinaufklettern, bis man auf einem luftigen Bretterpodest den großartigen Reliefplatten des Wiligelmus auf Augenhöhe direkt gegenübersteht, in denen die Geschichten der Genesis, von der Schaffung Adams und Evas bis zur Arche Noah, dargestellt sind. Ganz aus der Nähe kann man die schweren, kräftigen, oft fast vollplastischen Körper und die dumpf melancholischen Gesichter dieser Skulpturen beobachten, die zu den ältesten des romanischen Stils in Italien gehören und den sparsamen und ausdrucksvoll bewegten Aufbau der einzelnen Szenen bewundern, die durch das Metrum der Bogenreihen und auch einzelner zwischengestellter Säulchen in klare Takte unterteilt sind. Der Abstecher auf die Leitern an der Hauptfassade des Doms lohnt schon allein eine Reise nach Modena.

Die Marmorblöcke zum Dombau wurden, wie in den andern Städten der Poebene, durch ein weitverzweigtes Kanalnetz ins Stadtinnere transportiert. Heute sind die Kanäle im Stadtkern zugedeckt und nur noch die Straßennamen Canalgrande, Canalchiaro und Canalino erinnern an sie, und man kann sich nur noch vorstellen, wie schön es war, als sich die roten und gelben Fassaden der vornehmen Palazzi, die sie säumen, in ihrem stillen Wasser spiegelten.

Das Wahrzeichen Modenas ist der 88 Meter hohe

Campanile, der mit der Nordseite des Doms durch zwei Spitzbogenarkaden verbunden ist. Er besteht aus einem strengen quadratischen Turm in reinem romanischem Stil, der Anfang des 14. Jahrhunderts mit einem eleganten achteckigen, in einem langgezogenen Giebel endenden Obergeschoß abgeschlossen wurde; es ist mit zwei Balkonreihen geschmückt, die an Marmorgirlanden erinnern und dem Turm seinen Namen La Ghirlandina eingebracht haben. Der Zürcher Schriftsteller J.R. Humm hat in seinem 1936 erschienenen Roman *Die Inseln*, in dem er seine Jugend in Modena – er bezeichnet die Stadt mit dem liebevollen Diminutiv Modanina – evoziert, den Zwittercharakter dieses Turms sehr eindrücklich geschildert: »Übersah man Modanina von einem seiner Türme, so sah man es gehäuft aus Mauern, Dächern, Türmen und Zinnen, zwischen denen die großen Barockfassaden der Kirchen sich erhoben. Und mitten unter den Kuppeln und Glockenstuben ragte, sehr nahe, wie ein Verwandter, der quadratische Turm der Hauptkirche mit der schlanken Pyramide und den Gesimsekränzen. Er stand dort unten, am Ende der Straße, etwas rechter Hand. Und dieser Turm, empfand man, war nicht in allem ein Turm, sondern zur Hälfte war er eine Türmin. Der Turm war breit, gedrungen, dunkel in der Farbe, er ragte kaum über die Häuser hinaus, aber auf seinem schwarzen Nacken trug er die marmorne Türmin wie eine Braut, die nirgends die Erde berührte. Um sie war Licht und Luft und etwas Liebes und Feierliches. Der Turm gehörte zur Stadt, die Türmin zum Himmel über der Stadt. Manchmal erhoben sie sich in der Morgenfrühe, von der Sonne beschienen, wie in einem singenden Kreis voll Leben, voll Weite. Sie standen so hoch über den Menschen, die unter den Arkaden spazierten. Sie badeten in der Luft, die Dächer waren ihr Strand, sie übersahen die Ebene, und die Türmin lachte. Sie gab auch den Namen. Man nannte sie ›die Bekränzte‹. Sie war bekränzt mit Marmor.«

Neben dem mittelalterlichen Modena des Stadtkerns gibt es aber auch ein herzogliches Modena, das während Renaissance und Barock bis zur Einigung Italiens durch die Herrschaft der Este geprägt wurde. Man findet es in den eleganten Straßen, die durch Arkaden vor Regen und Hitze geschützt sind, in den schönen Fassaden von Kirchen und Palästen, an denen warmes Rot in verschiedenen Schattierungen dominiert und in den verträumten Plätzen mit den sorgfältig gepflegten Grünanlagen. Das Zentrum des herzoglichen Modena ist jedoch der Palazzo ducale, einer der größten Barockpaläste Italiens, hinter dessen prachtvoller Fassade sich heute die Militärakademie mit ihren vierhundert Kadetten befindet. Sie gehören in ihren schwarzgrauen Uniformen, die mit weinroten Kragen und Manschetten und Goldknöpfen geschmückt sind, zum Stadtbild. Dem schönen weiten Platz vor dem Palast fehlt jede Atmosphäre, da er zum einzigen Autoparkplatz der Stadt degradiert worden ist.

Das kulturelle Erbe der Herzöge von Este ist nicht weit entfernt – in der Altstadt von Modena gibt es keine großen Distanzen – im düsteren Palazzo dei Musei versammelt, in dem alle Museen, Archive und Bibliotheken der Stadt untergebracht sind. In der Biblioteca Estense, einer der größten Sammlungen kostbarer Bücher und Handschriften der Welt, kann man die Bibel des Borso d'Este bewundern, die in der zweiten Hälfte des 15. Jahrhunderts in Ferrara entstanden ist, als der Herzog in seinem Haus dreißig Miniaturenmaler versammelte, die unter der Leitung der Meister Taddeo Crivelli und Franco Rossi während sieben Jahren auf den 1200 Seiten der Bibel über 2000 Miniaturen ausführten. Bei aller ornamentalen Schönheit leidet das Buch an diesem demonstrativen und fast mechanischen Zuviel an Prunk.

Denselben Hang zur prunkvollen Vielfalt findet man auch in der Kochtradition der Stadt. Wer Modena besucht, darf sich auf keinen Fall ein Essen im Ristorante *Fini* entgehen lassen, weil hier die authentische Küche von Modena mit besten Naturprodukten, Sachkenntnis und Herzlichkeit gepflegt wird. Um das Ristorante *Fini* zu finden, braucht man keinen Stadtplan; jedermann in Modena wird einem sogleich freundlich den Weg dorthin weisen. Die beiden wichtigsten Spezialitäten des Hauses sind der Pasticcio di maccheroni und der Bollito misto. Ein mittlerer Esser muß sich für die eine oder die andere entscheiden; denn beide sind von hinreißender Üppigkeit. Die knusprige Pastete mit der delikaten Füllung aus Nudeln, Rahm, Pilzen, Schinken und viel Parmesan findet man allerdings nicht immer auf der Speisekarte; dann kann man den Bollito misto wählen, zu dem nicht nur Rind-, Kalb- und Schweinefleisch und gekochtes Huhn gehören, sondern auch die köstlichen Würste Norditaliens: die Luganighe, Cotecchini, Mortadella und natürlich der Zampone, der gefüllte Schweinsfuß, die Spezialität von Modena. Dazu gehören vier Saucen und ein paar

Gemüsebeilagen, alles von erster Qualität. Bei *Fini* wird ein sehr sympathischer Kult der Vielfalt und Reichhaltigkeit betrieben. Ein Mann, der sich hier ein gegrilltes Steak bestellte und es einsam auf einem Teller verzehrte, würde als seltsamer Barbar betrachtet. Wer Lust auf gegrilltes Fleisch hat, bestellt sich bei *Fini* eine Grigliata mista, die aus mindestens sechs verschiedenen Fleischsorten besteht. Und wer beim ersten Gang auch nur einen Augenblick zwischen Tortelloni und Risotto schwankt, dem schlägt der Kellner sogleich vor, ihm einen Teller mit halb Risotto, halb Tortellini zu bringen. Auch vor dem Dessertwagen, einem Minischlaraffenland für kleine und große Kinder, gelingt es den Kellnern meistens, ihre Gäste zu überzeugen, daß neben der Zuppa inglese auch der Vacherin und die mit Amaretti und Zabaione überzogene Birne eine Kostprobe lohnen. Um die schlanke Linie macht sich hier niemand Sorgen; der Lambrusco und das gute Essen sorgen für eine zarte Euphorie, und unter den wohlgenährten und zufriedenen Gästen *Finis* kann jeder überzeugt sein, ein ideales Normalgewicht zu haben.

Zum Ristorante *Fini* habe ich noch einen Nachtrag zu machen, der die Liebhaber guter italienischer Restaurants nachdenklich stimmen mag. Bei meinem zweiten oder dritten Besuch in diesem großartigen Restaurant habe ich erfahren, daß es hier keinen kreativen Küchenchef gibt, sondern einen Firmenchef, der Giorgio Fini heißt und keine Kochlehre, sondern ein Medizinstudium abgeschlossen hat. Seine Firma ist die Aktiengesellschaft Fini,

Inhaberin des besten Hotels von Modena namens *Fini*, dreier Autobahnrestaurants und einer Nahrungsmittelfabrik am Stadtrand, in welcher die renommierten Fini-Produkte hergestellt werden: Teigwaren, vor allem Tortellini und Tortelloni, Wurstwaren, an vorderster Front Zampone und Mortadella, Aceto balsamico, ein Kräuteressig und Nocino, der Nußlikör der Emilia. Alles Produkte also, bei denen sich der Italienreisende gern vorstellt, daß sie ihm garantiert hausgemacht vorgesetzt werden.

Dottore Fini, der ohne weiteres zugibt, daß die firmeneigenen Produkte auch in der Küche seines Restaurants verwendet werden, hat keine Angst vor der Nivellierung der Eßkultur. Im Gegenteil: für ihn haben sowohl gute Fertigprodukte als auch das Kochen mit frischen Naturprodukten die besten Zukunftschancen, weil nach seiner Meinung die Freude und der Geschmack am guten Essen zunehmen. Deshalb will er auch bald ins Exportgeschäft nach Amerika einsteigen. Er findet nämlich, daß auch Leute, die keine Gelegenheit haben, sich im Ristorante *Fini* verwöhnen zu lassen, einen Anspruch auf gute Teigwaren und aromatische Würste haben. Man mag ihm nicht widersprechen und doch hat für mich die Vorstellung, daß der aromatische Zampone im Bollito misto aus dem Vakuum-Pack stammt, etwas Befremdliches.

Immerhin: zum Geheimnis des Ristorante *Fini* gehört auch die Tatsache, daß die Fini AG, obwohl sie heute fünfhundert Personen beschäftigt, eine Art Familienunternehmen geblieben ist, in dem sich die Tüchtigkeit, der Familiensinn und der Unternehmungsgeist der Bewohner dieser Stadt spiegeln. Seine Geschichte begann 1912, als der dreiundzwanzigjährige Telesforo Fini die Salumeria an der Piazza San Francesco eröffnete und im Hinterzimmer seines Ladens ein paar Tischchen aufstellte, wo die Kunden seine Mortadella zu einem Glas Lambrusco degustieren konnten. Heute sind neben seinem Sohn Giorgio und seinen drei Töchtern bereits zwei Enkel im Geschäft tätig, und viele Angestellte haben im gleichen Betrieb Kinder, Geschwister oder entferntere Verwandte. Die Salumeria von 1912 ist heute das feinste Traiteurgeschäft der Stadt, und über der Ladentür steht noch immer der Name von Telesforo Fini in goldenen Lettern auf schwarzem Grund, wie das bei den alteingesessenen Geschäften von Modena der Brauch ist.

Und wenn man es recht bedenkt, so gibt es im Bereich des Kulinarischen Entwicklungen, die sehr viel nachdenklicher stimmen müssen als das solide industrielle Handwerk der Fini AG. Das wurde mir bewußt, als ich in Parma einmal in der Hotelbar mit einem holländischen Lebensmittelchemiker ins Gespräch kam, der mir von seiner Arbeit in einem Forschungslaboratorium erzählte, in dem die aus Sojabohnen gewonnenen Proteine im Geschmack und in der Konsistenz möglichst fleischähnlich gemacht werden. In Parma verhandelte der Holländer mit Exponenten der Konservenindustrie und ich habe später beim Ravioli-Essen hie und da an ihn gedacht.

Lucca
Schmale Gassen hinter grünen Wällen

Das Schönste an Lucca sind auf den ersten Blick seine Stadtmauern. Keine andere italienische Stadt ist so rundum von Festungsmauern eingeschlossen wie Lucca, das eine gute Autostunde von Florenz in Richtung Meer inmitten einer lieblichen Ebene liegt. Es sind keine steilen mittelalterlichen Stadtmauern mit Zinnen und Türmen, sondern breite stattliche Schutzwälle mit Bollwerken, wie man sie nach der Erfindung der Schußwaffen zu bauen begann, um sich gegen den anrückenden Feind mit Kanonen zu verteidigen.

Der zwölf Meter hohe, dreißig Meter breite und über vier Kilometer lange Mauerring aus rötlichem Backsteinwerk ist so gut erhalten, als seien seit seinem Bau ein paar Jahre und nicht vier Jahrhunderte vergangen. Er hat die freie Stadtrepublik Lucca, die im ausgehenden Mittelalter vor allem durch ihre Seidenindustrie und ihre Bankiers in ganz Westeuropa bekannt war, neuntausend Scudi gekostet, eine Ausgabe, die sich in doppelter Hinsicht lohnte: einerseits konnten die Handwerker der Stadt, die durch die Krise der Textilindustrie arbeitslos geworden waren, über Generationen hinweg beschäftigt werden – Bauzeit war von 1504 bis 1654 –, und andererseits hielt das imposante Festungswerk die Feinde der Stadt Lucca von militärischen Aktionen ab. Erst 1799 erlag die Stadt als letzte italienische Republik den französischen Armeen und wurde von Napoleon seiner Schwester Elisa als kleines Fürstentum übergeben. Vom praktischen Schönheitssinn dieser Regentin zeugen die Stadtwälle noch heute: sie gab ihrem Hofarchitekten Nottolini den Auftrag, Bastionen und Bollwerke in einen einzigen Park zu verwandeln und den Rundweg über die Stadtmauern zu einer bequemen Platanenallee auszugestalten. So kommt es, daß Lucca heute von einem dichten grünen Wall herrlicher alter Bäume umgeben ist und die militärische Befestigung im harmonischen Zusammenspiel mit Wiesen, Wasser und Bäumen als suggestives Gesamtkunstwerk erscheint. Daß man die Platanenallee auf dem Festungsring zum Teil auch dem Autoverkehr geöffnet hat, ist bedauerlich, obwohl man als ortsunkundiger Automobilist eine Überraschung erlebt, wenn man eine Rampe emporfährt und dann plötzlich die mittelalterliche Stadt mit ihren vielen Glockentürmen vor Augen hat.

Lucca ist keine Touristenstadt, sondern im Sommer höchstens ein Tagesreiseziel für Feriengäste von Viareggio oder Forte dei Marmi. Es lohnt sich aber, hier zu übernachten, vor allem, wenn im Albergo *Universo* noch ein Zimmer frei ist. Das ist ein wunderbares altes Hotel, im gleichen klassizistischen Stil erbaut wie die gegenüberliegende Oper, die »Teatro del Giglio« heißt. Und da Giacomo Puccini 1858 in Lucca geboren wurde, nimmt man selbstverständlich an, das Denkmal auf dem schönen kleinen Platz stelle den Komponisten dar und entdeckt erst beim Nähertreten, daß es sich um den unvermeidlichen Garibaldi handelt. Das Albergo *Universo* hat hohe Räume, Badezimmer, die mit Holz und bräunlichem Marmor ausgekleidet sind und eine Hotelhalle, in der sich die Notabeln der Stadt zum Kaffee treffen; auch die uralte Contessa mit dem scharfgeschnittenen Marmorgesicht gehört zu ihnen. Vom luftigen Speisesaal mit seinen Fenstertüren aus weißlackiertem Holz, geht der Blick auf die mächtige Piazza Napoleone mit ihren rauschenden Platanen, die ebenfalls ein Werk von Napoleons Schwester ist und leider seit vielen Jahren als größter Parkplatz der Stadt verwendet wird. Vom Hotel zum Dom sind es nur ein paar Schritte, die einen mit dem für diese Stadt so charakteristischen Rhythmus vertraut machen: enge Gassen, die sich zu Nischen und Plätzen erweitern und sich wieder zu Durchgängen und schmalen Straßenschluchten zusammenziehen. Der gewaltige Dom San Martino ist im vertrauten Wechsel von weißen und schwarzen Marmorsteinen ein Musterbeispiel pisanisch-luccesischer Architektur und fasziniert vor allem durch seine Fassade, die in ein Filigran von Säulenreihen aufgelöst ist, in dem jedes einzelne Säulchen seinen besonderen bildhauerischen und malerischen Schmuck besitzt und doch die Harmonie des Ganzen nicht stört, sondern belebt.

Der berühmteste Schatz des Doms ist das Grabmal der Ilaria del Carretto, vor dem selbst an regnerischen Wintertagen ein paar andächtige Bewunderer stehen. Es zeigt die jungverstorbene zweite Frau des Paolo Guinigi, der Lucca von 1400 bis 1430 beherrschte. Keine Spur von Trauer liegt über der hellen Marmorfigur, die auf ihren

Kissen ebenso zu schlafen scheint wie das ihr zu Füßen liegende Hündchen. Die nackten Putten, die auf den Längsseiten des Sarkophags Blumengirlanden tragen, passen gut zu der noch fast kindlichen Schönheit der Schläferin und erinnern zugleich daran, daß dieses Meisterwerk des Jacopo della Quercia aus dem Jahr 1408 am Übergang von der Gotik zur Frührenaissance steht. Von Gabriele D'Annunzio gibt es ein Gedicht über Lucca, in dem die Stadt mit ihren grünen Wällen als Schrein für dieses einzigartige Grabmal erscheint. Darin heißt es: »... e la città dall'alborato cerchio,/ove dorme la donna del Guinigi« (und die Stadt mit dem baumbestandenen Ring, wo die Frau des Guinigi schläft).

Der Name Guinigi ist auch für die weitere Stadtbesichtigung ein guter Wegweiser. Die Torre Guinigi, auf deren oberster Plattform mächtige schwarzgrüne Steineichen wachsen, ist einer der wenigen erhaltenen Geschlechtertürme, welche die vornehmen Familien der Stadt im Mittelalter als Symbol ihrer Macht und ihres Prestiges erbauten. Auf alten Stadtdarstellungen lassen sie Lucca im engen Kreis seiner mittelalterlichen Mauern als phantastischen Wald erscheinen; besonders eindrucksvoll erscheint dieses Motiv auf der Türe eines Schranks, der aus der Domsakristei stammt und heute im Nationalmuseum ausgestellt ist.

Dieses großartige Museum befindet sich in der Villa Guinigi, einem weitläufigen Backsteinbau im romanisch-gotischen Stil, inmitten eines großen Parks, den sich Paolo Guinigi in den ersten Jahren des 15. Jahrhunderts außerhalb der damaligen Stadtmauern bauen ließ. Er hat mit dieser Villa eine Entwicklung vorausgenommen, die hundert Jahre später in der Stadt Furore machte, als die reichen Kaufmannsfamilien der Buonvisi, der Bernardini, der Burlamacchi, der Cenami und der Mansi anfingen, sich auf den sanften Hügeln der Umgebung Villen mit schönen Gärten zu bauen, um wenigstens zeitweilig ihren engen Stadthäusern entfliehen zu können. Im Museum der Villa Guinigi taucht man ein in die Vergangenheit der reichen Kaufmannsstadt, die ihre Pracht viel mehr nach innen als nach außen entfaltete und hinter strengen Fassaden und grauen Fensterläden freskengeschmückte Höfe, elegante Marmortreppen und eine raffinierte Wohnkultur verbarg. Man bewundert die Betstühle mit den herrlichen Holzintarsien, Schmuckschreine und Geldkassetten mit kunstvollen Schließmechanismen, die daran erinnern, daß Lucca auch ein Zentrum der Goldschmiedekunst war, und man staunt immer wieder über die zarte Schönheit der Damaststoffe, auf denen im Wechselspiel der matten und der glänzenden Flächen das berühmte Granatapfelmotiv erscheint.

Im Dom San Martino gibt es neben dem Grabmal der Ilaria del Carretto noch ein zweites Kunstwerk, das im Leben der Stadt in Vergangenheit und Gegenwart eine wichtige Rolle spielt: eine holzgeschnitzte Darstellung des gekreuzigten Christus in einem langen, herabwallenden Kleid, die im 12. Jahrhundert geschaffen wurde, vermutlich um ein älteres byzantinisches Kunstwerk zu ersetzen. Diese Reliquie, die den Namen »Volto Santo«, Heiliges Antlitz, trägt, hat die toskanische Stadt im Hochmittelalter als Pilgerort bis an die Grenzen der christlichen Welt bekannt gemacht; so berichtet der Chronist Malmesbury, König Wilhelm von England, der von 1087 bis 1100 regierte, habe seine Eide stets »beim Volto Santo von Lucca« geschworen. Das Kruzifix wird im linken Seitenschiff des Doms in einem achteckigen Rundtempelchen aus dem Jahr 1484 aufbewahrt, dessen kostbare Eleganz in seltsamem Kontrast steht zum majestätisch düsteren Ausdruck des Christusgesichts mit dem streng gescheitelten Haar und dem zweizipfligen Bart. Die große Prozession des Volto Santo, die alljährlich am 13. September stattfindet und die Stadt mit Kerzenlicht und liturgischen Gesängen erfüllt, ist eine Demonstration lebendiger Volksfrömmigkeit, die auch erklären mag, daß Lucca in der »roten« Toskana die einzige christlichdemokratische Provinz ist. Das Heilige Antlitz scheint die kleine Stadt auch in einer Zeit zu beschützen, da Stadtmauern sinnlos geworden sind, und viele Lucchesi sind überzeugt, daß der Zweite Weltkrieg ihnen nur dank dem Volto Santo keine Zerstörungen gebracht hat.

Die gleiche lebendige religiöse Tradition, die sich in der verehrungsvollen Hinwendung zum Leiden und Sterben Christi offenbart, hat die Bevölkerung von Lucca im 16. Jahrhundert auch für die Ideen der Reformation aufnahmebereit gemacht. Marino Berengo hat in seiner Studie über *Nobili e mercanti nella Lucca del cinquecento* dargestellt, welch günstiger Nährboden diese Volksfrömmigkeit für die häretischen Ideen war, die durch die Kontakte der Luccheser Kaufleute mit Deutschland, Frankreich und den Niederlanden in die Stadtrepublik gelangten. Schon 1525 zirkulierten lutheranische Bücher in der Stadt, und in den Akten der Inquisition heißt es, 1546 habe es in Lucca mehr als fünfhundert Häretiker aus vornehmen Familien gegeben. Was die Lucchesi mit den Kaufleuten von Genf, Lyon und Antwerpen verband, waren bestimmt auch die nüchterne Hingabe an die Arbeit und das Erfolgsstreben, beides zentrale Werte der calvinistischen Ethik. Unter dem Druck der Inquisition emigrierten zwischen 1555 und 1558 die meisten Häretiker der Stadt nach Genf und brachten ihren calvinistischen Glaubensbrüdern als willkommenes Geschenk die Kunst der Seidenweberei mit.

Lucca ist eine Stadt, die man nicht an einem Tag entdecken kann. Man muß sich im Netzwerk seiner Straßen und Plätze heimisch fühlen, ehe man seine reiche und komplizierte Struktur begreift, die einerseits von der mittelalterlichen Anlage mit den schmalen düsteren Gassen bestimmt ist, andererseits vom Bedürfnis späterer Epochen, stattliche Palazzi, grüne Innenhöfe und schattige Gärten zu bauen. Die Notwendigkeit, sich auf den Platz innerhalb der Stadtmauern zu beschränken, hat die Bürger von Lucca so erfinderisch gemacht, daß hier Neues mit Altem fast überall harmonisch verschmilzt. Das gilt für die große rechteckige Piazza Napoleone genauso wie für den Platz des römischen Amphitheaters, dessen reines Oval verfallende Wohnhäuser umstehen, die darauf warten, renoviert zu werden. Und das gilt auch für die Via Fillungo, die wie ein langer gekrümmter Faden durch die ganze Stadt von einem Platz zum andern führt. Sie ist die zentrale Geschäftsstraße der Stadt, so schmal, daß man sie eher als Gasse bezeichnen möchte. Im Erdgeschoß der mittelalterlichen Häuser haben sich so feine Modeschöpfer wie Armani und Missoni einquartiert; daneben gibt es auf antiken Schmuck spezialisierte Goldschmiede, altväterliche Lebensmittelläden, Cafés und Buchhandlungen – alles für die rund hunderttausend Einwohner von Lucca, von denen vierzigtausend innerhalb der Stadtmauern wohnen; der Rest lebt in den modernen Quartieren außerhalb.

Das Leben auf den Straßen ist ausgesprochen intensiv, als ob der Befestigungsring es in der Stadt zusammenhielte. Aber auch der Kontakt zur umliegenden fruchtbaren Provinz ist auf den Märkten und in den Gemüseläden sozusagen mit Händen greifbar, in der überwältigenden Vielfalt der frischen Gemüse, Salate und Wildkräuter, die auf dem sparsamen und gesunden Speisezettel der Lucchesi einen wichtigen Platz haben. Ein bißchen »Verdura cotta«, gekochtes Gemüse, gehört zu jeder Mahlzeit, sogar im Hotelrestaurant. Es wird mit Salz, Pfeffer und Olivenöl gewürzt, dem Öl, das in der Umgebung von Lucca gepreßt wird, dem besten Öl Italiens, wie der Kellner mit sicherem Stolz anmerkt; das liege an der Mischung von salziger Meer- mit reiner Hügelluft, welche die Oliven besonders aromatisch gedeihen lasse.

Von der eerlichen Wollust …

Die schlichte Kräuter- und Gemüseküche der Toskana ist ja eigentlich viel typischer für das, was Ausländer heute an der italienischen Küche so besonders schätzen, als die Schlaraffenmenus der Emilia. Obwohl als Einschränkung anzumerken ist, daß die Nahrungsmittelindustrie natürlich ein falsches Bild von den Eßgewohnheiten dieser Gegend vermittelt: die gefüllten Teigwaren wie Tortellini, Ravioli und Capelletti sind auch im reichen Norditalien ursprünglich reine Festtagsspeisen, die nur an Feiertagen wie Weihnachten, Ostern, Hochzeits- oder Taufessen zum traditionellen Menu gehören. Dennoch: die Kochkunst der Toskana, die sich ganz ohne Schnörkel aufs Wesentlichste beschränkt, scheint mir – der Vergleich ist vielleicht etwas kühn – in ihrer strengen Einfachheit so vollkommen wie ein Florentiner Palast der Frührenaissance.

In der Toskana triumphiert nicht die Phantasie, sondern die Qualität des Naturproduktes, das ohne Raffinement nur mit Sorgfalt zubereitet wird. Das beginnt beim ungesalzenen Landbrot, das aus ziemlich grobem Mehl hergestellt wird und eine harte Kruste und eine feste Krume hat, so daß es auch altbacken noch schmeckt. In der toskanischen Küche gibt es keine Saucen, die den Geschmack verändern und die Umrisse verhüllen: auf dem

Rost oder am Spieß gebratenes Fleisch wird allen andern Zubereitungen vorgezogen. Diese Kochkunst, die nur darauf beruht, das gute Naturprodukt so rein als möglich zur Geltung zu bringen, braucht keine »grands chefs«, sondern vielmehr Hausfrauen, die mit leichter Hand die unverfälschten Produkte aus Garten, Stall, Meer und Flüssen auf den Tisch bringen.

Darum ist es im allgemeinen nicht sinnvoll, in Italien die Restaurants nach den Empfehlungen eines gastronomischen Guide zu besuchen, weil man im einfachsten Beizlein Drei-Sterne-würdiges essen kann. Ich denke zum Beispiel an die kleine Trattoria in Ligurien, wo der Wirt uns fragte, ob wir den grünen Cicoria-Salat lieber ganz jung und zart oder etwas kräftiger wünschten, und als er uns unschlüssig sah, mich aufforderte, mit ihm zu kommen und selbst zu entscheiden. Er führte mich nicht in die Küche, sondern in den Gemüsegarten hinter der Küche, wo in drei verschiedenen Beeten 4 cm, 8 cm und 12 cm hohe, zartgrüne Salatblättchen wuchsen. Ich entschied mich für die mittlere Länge, und er schnitt mit einem scharfen Messer eine tüchtige Portion ins Salatsieb. Es ist ja auch kein Zufall, daß es in jeder italienischen Stadt an jedem Wochentag wunderbare Gemüse- und Obstmärkte gibt und daß sich die Supermärkte in Italien weniger als in irgendeinem andern mitteleuropäischen Land durchsetzen konnten. Und da die Italiener in bezug auf die Qualität des Essens anspruchsvoll sind, kann man fast sicher sein, daß man in einem Lokal, wo viele Italiener in fröhlicher Stimmung beim Essen sitzen, gut speisen wird. Nicht jedermann weiß, daß die weltberühmte französische

Küche gar nicht in Frankreich, sondern in Italien entstanden ist. Ich habe das bei der Arbeit an meiner Dissertation über ein paar altfranzösische Kochausdrücke festgestellt, die sich dann im Laufe meiner Recherchen gewandelt hat zu einer Studie über den *Einfluß der italienischen auf die französische Kochkunst im Spiegel der Sprache*. Die Küche ist nämlich im Schoß der katholischen Kirche entstanden, als die Köche des Vatikans im 15. Jahrhundert eine delikate neue Ars coquinaria entwickelten, die für Körper und Seele bekömmlicher war, als die überwürzten mittelalterlichen Mischgerichte. Der Pionier dieser Neuorientierung war der päpstliche Bibliothekar und Hobbykoch Bartolomeo Sacchi, der unter dem Pseudonym Platina 1474 das lateinische Kochbuch *De honesta voluptate et valetudine* veröffentlichte. Das Werk hatte einen Riesenerfolg und wurde ins Italienische, Französische und Deutsche übersetzt; 1542 erschien es in Augsburg unter dem schönen Titel *Von der eerlichen, zimlichen, auch erlaubten Wollust des Leibs*. Es ist kein revolutionäres Werk – die mittelalterlichen Rezepte sind darin noch zahlreich –, die neue Tendenz zu einer einfacheren und differenzierteren Zubereitungsart ist jedoch unübersehbar und setzte sich dann siegreich durch, bei den beiden Nachfolgern Platinas im 16. Jahrhundert, die ebenfalls beide im Dienst von Kirchenfürsten standen: beim Leibarzt von Papst Pius V., Bartolomeo Scappi, der 1570 seine Opera herausgab und bei Cristoforo Messibugo, dem Haushofmeister des Kardinals Ippolito d'Este, dessen Banchetti 1549 erschien.

Nach der neuen Kochtechnik der päpstlichen Küche wurden zum Beispiel die Fische in einem Sud aus Wein,

Wasser und Kräutern gekocht und dann ohne weitere Komplikationen mit einer leichten Sauce serviert. Die Suppen waren nicht mehr wie im Mittelalter mehr oder weniger komplizierte Ragouts, sondern bestanden nur noch aus Fleischbrühe mit einer Einlage. Die pflanzliche Nahrung wurde stärker berücksichtigt: neue delikate Gemüse wie Spargel, Schwarzwurzeln, Artischocken und Fenchel tauchten auf. Man begann auch Rohkost zu schätzen: als Beispiel eines festlichen Hors-d'œuvre findet man bei Scappi Herz- oder Weichselkirschen, große Aprikosen, jungen Fenchel und grünen Salat, daneben allerhand Fischsalate wie Sardinen mit Essig, Öl und Origano, Kaviar, marinierte Schwertfische in ihrem Saft, marinierte Seeschollen, Salat aus Krebsschwänzen und süßsaure Tintenfische.

Diese Entwicklung der Kochkunst griff im 16. Jahrhundert auch nach Frankreich über, dank des intensiven Einflusses, den die Italiener am Hofe der letzten Valois, teils durch Krieg und teils durch Heirat, gewannen. Am Anfang des 16. Jahrhunderts lernte König François I. auf seinen Italienfeldzügen die Kultur der italienischen Renaissance kennen und ließ in der Folge nicht nur italienische Baumeister, Maler und Musiker nach Frankreich kommen, sondern gab dem berühmten Florentiner Goldschmied Benvenuto Cellini auch den Auftrag, sein persönliches Eßgeschirr zu entwerfen. Die Bedeutung der italienischen Kultur verstärkte sich noch, als der Dauphin und spätere Henri II., im Jahre 1533 Caterina de'Medici heiratete, die in ihrem Gefolge unter anderem fünfzehn florentinische Köche nach Paris mitbrachte.

Daß die »eerliche Wollust« des Essens im Schoß der Kirche noch immer gepflegt wird, beweist mir seit Jahren das Restaurant *L'Eau Vive* an der Via Monterone bei der Sant'Eustacchio-Bar hinter dem Pantheon, wo man den besten Espresso von Rom trinkt. Durch eine unauffällige kleine Türe betritt man ein seltsam elegantes und dezentes Ambiente von rotem Plüsch, sanftem Licht und klassischer Hintergrundmusik. Die Speisekarte ist französisch, und das Essen wird von eleganten, schwarzen und vietnamesischen Mädchen serviert, die eigentlich Nonnen sind; denn das Restaurant wurde für die französischen Missionare in Rom gegründet, die auf die Küche ihrer Heimat nicht verzichten möchten. Man geht in der Sorge um ihr leibliches Wohl sogar noch einen Schritt weiter: falls sie nämlich Lust nach der Gastronomie ihrer Missionsländer haben, können sie zwischen einem kongolesischen und einem vietnamesischen »plat du jour« wählen, die – wie alles in diesem Restaurant – wunderbar fein und leicht schmecken.

Wir haben die »Supérieure«, die den Betrieb mit freundlicher Anmut überwacht, einmal nach dem Besitzer des Restaurants gefragt und eine Antwort bekommen, die keine weiteren Fragen mehr zuließ: »La Sainte-Vierge«.

Pontremoli und sein Stelenmuseum

Obwohl viele deutsche Touristen die Toskana fast sc gut wie ihr eigenes Land kennen, sind sie noch nie in Pontremoli gewesen, ja sie wissen nicht einmal, daß es eine Stadt dieses Namens gibt, die einen Abstecher lohnen würde. Sie flitzen auf der Autostrada della Cisa von Parma zum Meer und nehmen an, daß sie nach dem langen Tunnel unter der Paßhöhe auf ligurischem Boden La Spezia entgegenfahren. Dabei durchqueren sie den nördlichsten Zipfel ihrer Toskana, der weit hineinragt in den Apennin der Emilia-Romagna, wo der Fluß Magra entspringt und in einem langgestreckten Tal zwischen bewaldeten Bergzügen zum Mittelmeer fließt, das er bei Bocca di Magra südlich von La Spezia erreicht. Dieses weite grüne Flußtal, mit den prächtigen Kastanienwäldern und der großartigen Kulisse der apuanischen Alpen, ist aber nicht in erster Linie durch seine Naturschönheit bekannt, sondern vielmehr durch seine historische Bedeutung als Durchgangsland zwischen Nord- und Süditalien.

Das spiegelt sich auch im Namen der Region, der *Lunigiana* lautet, nach der römischen Hafenstadt *Luni*, wo seit dem ersten Jahrhundert vor Christus nicht nur der Marmor aus den Brüchen von Carrara verschifft wurde, sondern auch Käse und Wein, die wichtigsten Handelsprodukte Norditaliens. Im Mittelalter zerfiel und versandete der Hafen von Luni; sein Hinterland, die Lunigiana, blieb aber Durchgangsland, einerseits für Handelsgüter, andererseits in steigendem Maß für Romreisende geistlicher und weltlicher Art: für Kardinäle, Bischöfe und Pilger, Kaiser, Fürsten und Soldaten, Dichter, Gelehrte und Künstler.

Die einzige große Verkehrslinie, die im Mittelalter auf Grund antiker Reststrecken neu geschaffen wurde, war die Via Sancti, Petri oder Strada Romea, für die in der Zeit der Frankenherrschaft auch der Name *Via Francigena* oder Francisca aufkam. Diese Frankenstraße war der wichtigste von allen Wegen, die nach Rom führten und erstreckte sich von Pavia, der einstigen Hauptstadt des Langobardenreichs, über Piacenza, Fidenza, Parma, Berceto, Pontremoli, Lucca, San Gimignano, Siena, Bolsena und Viterbo bis zum Tiber. Sie war nicht nur der belebteste Pilgerweg des Abendlandes, sondern auch die bedeutendste militärische Verbindung zwischen Ober- und Mittelitalien und zugleich eine wichtige Handelsstraße, der Städte wie Lucca und Siena ihren frühen Aufstieg zu Reichtum und Macht verdankten.

Um der Geschichte zu begegnen, muß man die Autobahn verlassen, die auf vielen eleganten Viadukten hoch über der Talebene verläuft. Man nimmt die Ausfahrt nach Pontremoli, der ersten größeren Ortschaft im oberen Magratal und entdeckt eine reizvolle kleine Stadt mit einem mittelalterlich geprägten Stadtkern, eleganten Palazzi aus dem 18. Jahrhundert, schönen Cafés und Plätzen, weit weg vom Touristenrummel der vierzig Kilometer entfernten tyrrhenischen Küste. Hier findet man auch bescheidene und malerische Trattorien mit freundlichen Kellnern und sorgfältigen Köchen. Und daß man in der Toskana ist, merkt man auch ohne geographische Kenntnisse am ungesalzenen toskanischen Hausbrot. In Pontremoli weht übrigens im heißesten Sommer ein kühles Lüftchen, was die Stadt ihrer Lage auf einer schmalen Landzunge zwischen den Flüssen Magra und Verde verdankt. Im Sommer verwandeln sich die beiden Flüsse aus dem Apennin allerdings in seichte Bäche und Rinnsale, die sich ihren Weg durch weite Kiesflächen bahnen, wo die Kinder zwischen Weiden und Sommergras baden und fischen. Ihre Eltern bauen sich im Flußbett kleine Gemüsegärten, die sie mit Steinmäuerchen umgeben. Im Winter überschwemmen dann die anschwellenden Wasser diese »campicelli«, und wer im Frühjahr als erster ein Stück Boden in Besitz nimmt, kann es bis zur Ernte und zu erneuten Überschwemmungen behalten – ein Brauch, der auch in andern Ortschaften der Lunigiana geübt wird.

Wer die strategische Bedeutung Pontremolis im frühen Mittelalter vor Augen haben will, steigt zur Piagnaro-Burg hinauf, die sich über dem mittelalterlichen Quartier mit seinen engen Gassen und zerfallenden Häusern erhebt. Von ihren Zinnen aus erkennt man, daß Pontremoli dort, wo die Serpentinen der alten Cisa-Straße den Talboden erreichen, als »Schlüssel und Tor zum Apennin«, wie Kaiser Friedrich II. sagte, im Wege liegt: gegenüber dem Gebirge durch die Festung, auf den übrigen Seiten durch die Wasserläufe gesichert. Das Wappen der Stadt, das einen Turm und eine Brücke zeigt, vereinigt die beiden Sicherheitselemente augenfällig. Die alte Pilgerstraße führt als Hauptstraße durch die ganze Stadt und ist von oben als schmale Kerbe auszumachen, die das Dächergewirr des langgestreckten Stadtkerns durchschneidet.

Pontremoli taucht erstmals in den handschriftlichen Pilgerführern des zehnten Jahrhunderts auf, als ein Übernachtungsplatz auf dem Weg nach Rom. Später wurde es in den langen und erbitterten Machtstreit zwischen Kaisertum und Papsttum hineingezogen, die sich beide die Herrschaft über den Cisa-Paß sichern wollten. Zeitweise war es direkt dem Reich, zeitweise lokalen Feudalherren unterstellt, und von der Poebene aus versuchten sich Parma und Piacenza einzuschalten, um einander den südlichen Zugang zu ihrer Gebirgsstraße streitig zu machen. Die fremden Interessen und Ambitionen, die in dem Städtchen zusammenstießen, spalteten die Bürgerschaft so tief, daß es zu blutigen Straßenkämpfen kam über die Frage, für welche Seite man Partei ergreifen wolle. Eine radikale Maßnahme gegen diesen inneren Zwist ließ sich der toskanische Adelige Castruccio Castracani einfallen: im Jahr 1322 baute er quer durch die ganze Stadt eine Festungsmauer, welche die papsttreue Oberstadt von der ghibellinischen Unterstadt trennte. Zwei Türme dieses Festungswerks bestehen noch heute: der mächtige Uhrturm, auch Torre die Castruccio genannt und der Campanile des Doms. Dieser Trennung der Ideologien durch eine Mauer verdankt Pontremoli auch die Tatsache, daß es nicht wie andere italienische Städte einen Hauptplatz besitzt, sondern zwei Hauptplätze: auf der Seite der ehemaligen Welfen liegt der Domplatz, ein stilles Geviert, wenn nicht gerade der Markt darauf stattfindet; und jenseits der mit dem Uhrturm verbundenen Häuserzeile befindet sich als Zentrum der weltlichen Macht die belebte Piazza della Repubblica mit dem Rathaus und dem Gefallenendenkmal.

Die mittelalterlichen Kämpfe zwischen Kaisern und Päpsten, zwischen lokalen Feudalherren und Städten prägten das ganze Magratal, das von Pontremoli bis hinunter zum Meer vermutlich das burgenreichste Gebiet Italiens ist. Es war in zahlreiche Zwergterritorien zersplittert, deren Herrscher von den Straßenzöllen der Via Francigena lebten. Fast jede Ortschaft hat ihre romanischen Türme und Schloßruinen, und in Mulazzo, Villafranca und Fosdinovo wird zusätzlich die Erinnerung an Dante gepflegt, der nach seiner Verbannung aus Florenz im Jahre 1302, auf der Suche nach neuen Verbündeten, auch in der Lunigiana herumreiste, wo er bei den Markgrafen von Malaspina zu Gast war.

Vom Mittelalter geprägt ist allerdings nur der Grundriß von Pontremoli: außer den Festungstürmen stammen fast alle wichtigen Gebäude, Kirchen und Palazzi aus dem siebzehnten und achtzehnten Jahrhundert. Einen traurigen Beitrag zu dieser architektonischen Einheit leisteten übrigens Schweizer Söldner, die 1494 mit dem französischen König Charles VIII. nach Neapel zogen und bei der Rückkehr ein Jahr später die Stadt auf eigene Faust plünderten und in Brand steckten.

In den eleganten Villen, die in den folgenden Jahrzehnten teils im Stadtzentrum, teils in einem neuen Quartier links der Magra gebaut wurden, spiegeln sich die Bedeutung und der Wohlstand, die Pontremoli in dieser Epoche erlangte als Verbindungsglied zwischen Norditalien und der Hafenstadt Livorno, dem wichtigsten Stützpunkt für den Textilhandel mit England. Den reichen Familien der Stadt gehörten damals Niederlassungen in Livorno, Parma und Piacenza, die mit Wolle, Leinen, Seide und Damast handelten. Zu den schönsten Villen zählt der Palazzo Petrucchi an der Via Mazzini, über dessen Portal zwei im Stil Michelangelos gebildete Figuren den Herbst und den Winter darstellen und der Palazzo Negri, an der gleichen Straße, über dessen Eingang zwei Cherubine in die barocke Perspektive des Gartens einstimmen. Aus dem achtzehnten Jahrhundert stammt der prachtvolle Palazzo Dosi an der alten Hauptstraße, nicht weit von der Piazza della Repubblica: aus seinem Innenhof führt eine grandiose Treppe mit Trompe-l'œil-Effekt, der weitere Treppen und Säulenhöfe vorspiegelt, zum Piano nobile, der mit reichen Wand- und Deckenmalereien ausgeschmückt ist.

Die Pontremolesi von heute gehen mit den Zeugen ihrer reichen Vergangenheit recht sorglos um: elegante Innenhöfe mit Palmen sind von Motorrädern und Kinderwagen verstellt, Putz bröckelt ab, und die schönen Palazzi zeigen allenthalben Spuren der Verwahrlosung und des Zerfalls. Pontremoli ist heute ein Provinzstädtchen mit zehntausend Einwohnern, welche zum größten Teil in den neuen Quartieren jenseits des Verde-Flusses wohnen, wo es auch ein paar kleine Industriebetriebe gibt. Dank der guten Bahnverbindungen zwischen Parma, Pontremoli und La Spezia gibt es auch viele Pendler. Viel Geld für kostspielige Restaurierungsarbeiten liegt nicht in der Stadtkasse.

In tadellosem Zustand präsentiert sich dagegen das *Caffè degli Svizzeri* auf dem Hauptplatz gegenüber dem Rathaus. Es hat dieselbe prachtvolle Jugendstileinrichtung wie die dazugehörige Drogheria, und sein Besitzer Giacomo Steckli ist ein Nachfahre jenes Meinrad Steckli aus Safien, der wie so viele tüchtige Bündner Zuckerbäcker sein Glück im Ausland suchte und 1855 Chef eines kleinen schweizer Unternehmens in Pontremoli wurde, zu dem er sich mit den Brüdern Aichta aus Santa Maria und den Brüdern Beeli aus Davos zusammengeschlossen hatte. Die initiativen Bündner von Pontremoli eröffneten in den fünfziger Jahren des letzten Jahrhunderts auch das berühmte *Caffè Pietromani* in Pisa, später ein Lebensmittelgeschäft in Borgotaro und in Massa Carrara ein Kaffeehaus und zwei Drogerien.

Pontremoli ist aber nicht nur ein reizvolles Städtchen mit bedeutender Vergangenheit: seit elf Jahren gibt es im Castello del Piagnaro ein einzigartiges Museum zu besuchen, in dem man Stelen aus der Vorgeschichte Liguriens begegnet. Es handelt sich um sechzig archaische Statuen aus Stein, die alle im Magratal gefunden wurden, in dem schmalen Durchgangsgebiet der Lunigiana, das auf der Wasserscheide des Apennins an die Emilia grenzt. Die ältesten dieser anthropomorphen Steine stammen aus dem Neolithikum vor vier- und fünftausend Jahren; die jüngsten, die im fünften und sechsten Jahrhundert vor Christus entstanden, reichen in die Anfänge der römischen Geschichte.

Die Archäologen kennen vergleichbare Funde aus anderen Teilen Italiens, aus Spanien, Frankreich, Rumänien, Rußland und auch aus einem Felsengrab in Sitten. Keine andere Fundstelle ist aber so reich und von so homogenem Charakter wie die Lunigiana, und keine andere umfaßt einen so großen Zeitraum. Ob es sich bei den Stelen um Götter-, Ahnen- oder Heldenbilder handelt, ist schwer zu bestimmen; auf jeden Fall sind sie, wie die Forschung heute annimmt, eher Symbole religiöser Verehrung als Grabmonumente.

Den steinernen Statuen der Lunigiana fehlt jeder archäologische Kontext; sie wurden, mit wenigen Ausnahmen, vereinzelt und zufällig entdeckt: einst von pflügenden Bauern, später von Baumaschinen. Ein Teil von ihnen wurde ins Museum nach La Spezia gebracht und ist im Kastell von Pontremoli nur in Nachbildungen vorhanden. Daß achtzehn der ausgestellten Stelen nach 1960 entdeckt wurden, läßt auf weitere Funde hoffen.

Man kann sich kaum ein alternativeres Museum vorstellen als die Stelensammlung in der zerfallenden Festung über Pontremoli, von der aus der Blick weit über die grünen Hügel der Lunigiana schweift. Hier braucht man nicht wie vor den Uffizien Schlange zu stehen, man ist auch im Sommer oft der einzige Besucher und kann einen Blick in den Abgrund der Vergangenheit werfen, den man nicht so bald wieder vergißt. Die einfachen Säle, welche das Pantheon der alten Ligurer beherbergen, haben Holzdecken, weißverputzte Wände und dunkelrote Fliesenböden. Im Hauptsaal stehen die neunzehn Originale des Museums auf grauem Kies und werden vom sanften Licht einzelner Spotlampen beleuchtet. Sie sind klein, zwischen 50 und 150 Zentimeter hoch und haben wenig Ähnlichkeit mit Menschen, auch wenn an ihrem steinernen Körper menschliche Attribute wie Hände, Brüste, Halsketten und Dolche angedeutet sind. Sie sind Steine geblieben, stumme und rätselhafte Zeugen einer vorgeschichtlichen Epoche, eine stille Versammlung alter Götter, die mit unserer vergänglichen Zivilisation nichts zu tun haben.

In der Küche von Pontremoli gibt es übrigens eine Teigwarenspezialität, die auf ihre Art so urtümlich und archaisch ist, wie die Stelen der Lunigiana. Sie heißen Testaroli und sind in keinem einzigen italienischen Spezialitätenkochbuch erwähnt, auch nicht in dem zuverlässigen Kompendium der italienischen Regionalküche von Anna Gosetti della Salda. In Pontremoli dagegen gibt es kein einziges Restaurant, das nicht mittags und abends Testaroli anbietet, die jeden Tag frisch aus den Dörfern der Umgebung in die Stadt gebracht werden. Man könnte sie als Urform der Teigwaren bezeichnen: es sind dünne Teigblätter aus Wasser und Mehl, die in besonderen Formen rasch gebacken werden. Diese Backformen heißen Testi, daher der Name Testaroli und bestehen aus einer Mischung von Ton und Quarz, die man von den Ufern der Wildbäche holte; ihre Herstellung gehörte einst zu den traditionellen Handwerken der Lunigiana.

In den Küchen von Pontremoli schneidet man diese bräunlichen Teigblätter in verschobene Vierecke, die man in kochendes Salzwasser taucht und zusammen mit einem Pesto genovese serviert. Im Gegensatz zum genuesischen Brauch wird der Pesto in Pontremoli vor dem Essen kurz erhitzt. Ein Teller dampfender Testaroli ist auf jeden Fall eine gute und stärkende Einstimmung zur Stadtbesichtigung.

Rom

In Rom wird wenig gelesen. Das ist ein statistisches Faktum: Die großen Verlage in Mailand und Turin setzen drei Viertel ihrer Produktion im Norden und in der Toskana ab; auf Neapel und Rom entfällt nur ein Viertel des Gesamtverkaufs: Mehr Interesse finden die Zeitungen, obwohl die Zeitungsdichte in Italien mit 11,4 Einwohnern pro Tageszeitung viermal geringer ist als beispielsweise in der Bundesrepublik. Trotzdem bieten die Zeitungskioske in Rom das Bild überwältigenden Reichtums. Zum Teil mag das am südländischen Geschick der Aussteller liegen – auch Marktstände und die Auslagen der Lebensmittelgeschäfte vermitteln ja fast immer den Eindruck überquellender Vielfalt; zum Teil leisten auch die Verleger ihren Beitrag, indem sie alles Wissenswerte aus Literatur, Kunst und Wirtschaft in monatlichen Fortsetzungen an die Kioske liefern.

Die schönsten römischen Kioske findet man auf der Piazza Argentina, dem Largo Chigi und der Piazza di Spagna, und am reichhaltigsten und internationalsten präsentieren sich noch heute diejenigen von Massimo und Dante, an der sonst ziemlich heruntergekommenen Via Veneto. Sie sind zugleich Taschenbuch- und Bestseller-Buchhandlungen, die jetzt Susanna Tamaros jüngsten

Bestseller, die Romane von John Grisham und Tom Clancy auf italienisch und englisch anbieten. Neben einem Stapel von Nelson Mandelas Autobiographie liegen Hans Küngs *Vita Eterna?* und Doktor Mességués neuestes Kräuterbuch. Das Angebot an englischen und italienischen Kriminalromanen und Sexjournalen ist beträchtlich. Italienische Kochbücher liegen neben deutschen audiovisuellen Märchen, und auch Klassiker wie die *Divina Commedia* und das *Decameron* fehlen nicht. In der Ecke, wo sich die Kunden immer drängen, werden die italienischen Tageszeitungen und Wochenmagazine verkauft, die von der äußersten Rechten bis zur äußersten Linken ein Meinungsspektrum abdecken, das vermutlich weiter gefächert ist als in irgendeinem anderen europäischen Land. Die ausländischen Zeitungen findet man auf der anderen Seite, in einer Art überdachter Höhle, wo man fast ungestört blättern kann. Und zwar nicht nur bis zum Ladenschluß: die Kioske an der Via Veneto bleiben bis nach Mitternacht geöffnet.

Auch die Buchhandlungen sind in den letzten Jahren publikumsfreundlicher geworden. Das ist vor allem das Verdienst Inge Feltrinellis, der großen Pionierin dieser Branche. Sie hat in den vergangenen zwölf Jahren in Rom, neben dem Stammhaus an der Via del Babbuino, drei weitere große Buchhandlungen eröffnet: die eine gegenüber dem *Grand Hotel* an der Via Orlando, die durch ihre helle Großräumigkeit und die übersichtliche Anordnung der Bücher besticht. Auch an kompetenter Beratung und Information fehlt es hier nicht. Im Nebengebäude entstand später – ebenfalls auf drei Etagen – die *Feltrinelli internazionale*, die Weltliteratur in den Originalsprachen anbietet. Und im Herzen Roms, an der Piazza Argentina, befindet sich seit 1990 die größte Feltrinelli-Buchhandlung der Hauptstadt: sie ist auch sonntags geöffnet, was an den langweiligen römischen Sonntagen, wo die Stadt fast leer und viele Restaurants geschlossen sind, eine echte Attraktion darstellt. Das Beispiel hat Schule gemacht: auch andere Buchhandlungen geben sich einen neuen Look und verlängern die Öffnungszeiten: In der Stazione Termini gibt es jetzt neben den Kiosken eine wohlassortierte Buchhandlung, die sonntags und abends bis elf Uhr offen ist; das gleiche gilt für die Buchhandlung *Gli angeli* an der Via De Pretis 9, gegenüber dem Viminal. Hier werden im Erdgeschoß Platten und Videofilme verkauft, während zwei riesige Untergeschosse den Büchern reserviert sind. Selbstverständlich gibt es auch Poster und Postkarten zu kaufen, und eine Bar-Ecke trägt zur lockeren Atmosphäre des kommerziellen Kulturtreffs bei.

Daß das Essen in der Lebenskunst der Italiener einen wichtigen Platz hat, spiegelt sich auch im geschriebenen Wort: in Kochbüchern, Restaurantführern, spezialisierten Zeitschriften und vor allem auch im immer stärkeren Ausbau von kulinarischen Rubriken in Tageszeitungen. Die Erfolgsstory des *Gambero rosso* illustriert diesen Trend: Während fünf Jahren gehörte dieses gastronomische Supplement zur strengen, ja asketischen Tageszeitung *Il Manifesto*; dann machte sich der Rote Krebs selbständig, und heute steht sein Name für ein kleines Imperium, zu dem neben der in 50000 Exemplaren erscheinenden Monatszeitschrift auch eine wachsende Zahl von Restaurant-,

Hotel- und Weinführern gehören, die italienische Regionen und Städte betreffen. Sie finden Anklang, weil sie weniger snobistisch und umweltbewußter sind als die traditionellen Führer.

Wer hinter diesem journalistischen Interesse fürs Essen den Niedergang der realen Kochkunst vermutet, täuscht sich zum Glück: Die römische Küche ist auf allen Ebenen – in der Familie, im einfachen Beizlein und im Restaurant – viel besser als die entsprechende schweizerische oder deutsche Küche. Warum das so ist, zeigt schon ein Gang über den Gemüse- und Obstmarkt; es braucht gar nicht der gigantische Markt auf der Piazza Vittoria zu sein; es genügt der kleine Quartiermarkt unweit der Fontana die Trevi unter den steilen rotgelben Mauern, die zum Quirinalpalast aufsteigen. Da findet man fast das ganze Jahr über mindestens fünfzehn verschiedene grüne Salatsorten und zwar ausschließlich frischen Schnittsalat; die groben und faden Salatköpfe von Lattich, Kopfsalat oder Endivie werden direkt an die Restaurants geliefert, die Touristen aus dem Norden verköstigen. Die Römer essen wie alle Italiener nur die kleinen, zarten Salatblätter, die geschnitten werden, wenn sie zehn Zentimeter aus der Erde ragen: Es gibt sie gewellt und glatt, kraus und schmal, hellgrün und rötlich gefleckt, fein und würzig, herb und bitter. Und neben den auf dem Feld angepflanzten Sorten werden auch wildwachsende Pflanzen angeboten, die auf der römischen Campagna gepflückt wurden. Die wilde Rucola oder Rughetta zum Beispiel hat einen so intensiven Geschmack, daß ein paar Blättchen genügen, um einen Teller Salat zu würzen.

Auf den römischen Märkten wird einem prinzipiell etwas zuviel abgewogen – ob die Waage stimmt, ist eine andere Frage; auch der Blumenhändler legt mit großer Geste eine schöne Rose zum gekauften Strauß, und im Restaurant sind die Nuancen der Herzlichkeit sorgfältig auf den Gast abgestimmt. Schon beim ersten Besuch wird der *Amaro* zum Abschluß offeriert; kennt man den Wirt besser, stellt er die Platte mit dem rumgetränkten *Babà* auf den Tisch und man kann davon so viel essen, wie man mag, und beim Stammgast bleibt auch die Portweinflasche stehen.

Zur besten italienischen Küchentradition gehört der unprätentiöse, man möchte sagen hausfrauliche Umgang mit Delikatessen; bei *Nino*, dem eleganten Lokal an der Via Borgognona, werden gegrillte Scampi ohne die dekorativen Schalen, zusammen mit frischen Erbslein serviert, wirklich frischen Erbslein, zart, weich und verschieden groß, und in den *Colline Emiliane* an der Via degli Avignonesi entdeckt man auf einer einfachen Speisekarte ein *Anitra all'arancia* mit einer fabelhaften Sauce aus karamelisierten Streifchen von Orangenschale, zu welcher der kompetente Kellner keinen Wein empfiehlt.

Das römische Ghetto

Eine der schönsten und malerischsten Straßen Roms ist die Via del Portico d'Ottavia mit ihren Läden, Bars und Trattorien im Erdgeschoß von Häusern, deren verwitterte Fassaden aus der Zeit der Renaissance stammen. Das berühmteste dieser Häuser wurde, wie eine eingemeißelte Inschrift bezeugt, von Laurentius Manilius, Schreiber des römischen Senats, im Jahr 2221 nach der Gründung Roms – also 1467 – erbaut. Heute verkehren im Haus des traditionsbewußten Senatsschreibers, in dessen Fassade antike Fragmente eingemauert sind, die Stammgäste der Bar *Totò*.

Das eindrucksvollste Baudenkmal der Straße ist jedoch dasjenige, dem sie ihren Namen verdankt: die Reste des Portikus der Octavia, die heute die Vorhalle der kleinen Kirche Sant'Angelo in Pescheria bilden. Nur der Giebel und fünf korinthische Säulen sind von dem ursprünglichen Gebäude übriggeblieben; doch sie vermitteln – genau wie die Ruinen des Marcellus-Theaters unmittelbar daneben – einen so lebhaften Eindruck der großartigen Bauwerke, zu denen sie gehörten, daß es kaum einen andern Ort in Rom gibt, wo man so direkt mit der begrabenen antiken Stadt konfrontiert wird, wie hier.

Und schaut man tiberwärts, fällt der Blick auf das in griechisch-assyrischem Stil erbaute Kuppelgebäude der

Synagoge, das seit 1904 auf dem großen freien Platz steht, auf dem sich früher die Häuser des ehemaligen Ghettos eng zusammendrängten. Bei Sant'Angelo in Pescheria stoßen die antike, die christliche und die jüdische Kultur aber nicht nur optisch aufeinander: diese Kirche, die früher unmittelbar außerhalb der Ghettomauern stand, ist auch Zeuge jahrhundertelanger christlicher Erpressungsversuche gegenüber den Juden, die durch ein päpstliches Edikt aus dem Jahr 1584 gezwungen wurden, hier am Samstag nachmittag die Bekehrungspredigten der Dominikanermönche anzuhören. Ein anderes Zeugnis christlicher Intoleranz findet man in der Nähe der Synagoge, an der kleinen Kirche San Gregorio am Tiberufer, über deren Portal zwei Schrifttafeln, in lateinischer und hebräischer Schrift, mit den Worten des Propheten Jesaja den Unglauben des auserwählten Volkes beklagen: »Ich strecke meine Hände allezeit aus, nach einem störrischen, widerspenstigen Volke, das auf schlimmem Wege geht, seinem eignen Sinne folgend, nach Leuten, die mich ohne Unterlaß reizen, offen ins Angesicht.«

Die jüdische Gemeinde Roms ist die älteste Italiens. Die ersten jüdischen Kaufleute ließen sich vermutlich schon im 3. Jahrhundert v. Chr. in der Tiberstadt nieder, und die Freundschaftsverträge, die die Gesandten der Makkabäer zwischen 139 und 18 v. Chr. mit Rom abschlossen, haben ihre Auswanderung in die befreundete Weltstadt zweifellos begünstigt. Schon 59 v. Chr. wies Cicero vor Gericht in einer Verteidigungsrede für Valerius Flaccus auf die Menge und die Macht der Juden in Rom hin. Selbst die Palästinafeldzüge des römischen Staates beeinträchtigten die Stellung der jüdischen Gemeinde kaum. Die Gefangenen, die die siegreichen Römer von Judäa nach Hause brachten, wurden teils von ihren begüterten jüdischen Religionsgenossen freigekauft, teils von ihren römischen Herren freiwillig aus der Sklaverei entlassen. Das Recht auf die freie Ausübung der Religion blieb den Juden während der ganzen Antike erhalten.

Allerdings begann in der Epoche nach der Zerstörung des Tempels in Jerusalem durch Titus im Jahr 70 n. Chr. eine finanzielle Diskriminierung der Juden, die sie über Jahrhunderte hinweg bedrücken sollte: Die Tempelsteuer, die bisher alle Juden innerhalb und außerhalb Palästinas entrichtet hatten, wurde, da der Tempel nicht mehr existierte, von Kaiser Vespasian in eine Zwangssteuer an den Jupiter Capitolinum umgewandelt, die von den römischen Beamten zeitweise mit großer Härte eingetrieben wurde und die Juden und ihre Religion im ganzen römischen Reich zur Ausnahme stempelte.

In den Anfängen des Kaiserreichs lebten in Rom 30 000 bis 40 000 Juden außerhalb der Stadtmauern in Trastevere, vor allem längs des Flusses und auf der Tiberinsel, zu der die Cestiusbrücke führte, die später den Namen pons Judaecorum erhielt.

Als das Christentum im Jahr 386 zur Staatsreligion erhoben und die kosmopolitische Toleranz des heidnischen Rom durch religiöse Intransigenz abgelöst wurde, bewahrten die Juden als Vorfahren der neuen Religion ihre Kultusfreiheit; in ihren bürgerlichen Rechten wurden sie jedoch beschränkt: sie durften keine Proselyten machen, keine christlichen oder heidnischen Sklaven halten, keine christlichen Frauen heiraten und keine hohen Staatsstellen bekleiden. Bis in die Mitte des 16. Jahrhunderts blieb ihre Stellung als Bürger zweiter Klasse, deren geistige und religiöse Autonomie jedoch nicht angetastet wurde, mehr oder weniger unverändert. Die strengen Gesetze und Verordnungen, mit denen die Päpste in der Zeit der Kreuzzüge die Juden anderer Länder planmäßig verfolgten, kamen in Rom und im Kirchenstaat kaum zur Geltung, was wohl ein Ergebnis des langen Zusammenlebens und der Erkenntnis war, daß die Durchführung von Ausnahmegesetzen auch das allgemeine Wohl geschädigt hätte.

Das von Papst Innozenz III. im Jahr 1215 eingeführte Judenabzeichen – ein kreisrundes gelbes Stück Stoff, das auf den Mantel aufgenäht wurde – fand im Kirchenstaat wenig Beachtung; die Juden genossen Gewerbe- und Niederlassungsfreiheit und waren als Ärzte und Bankiers selbst im Vatikan willkommen. Und als die Inquisition in Spanien 1492 von Königin Isabella das Auswanderungsdekret gegen 300000 Juden erzwang, fand ein Teil der Flüchtlinge in Italien und besonders im jüdischen Quartier Roms Aufnahme. Schon 1519 konnten die spanischen Juden mit der Erlaubnis des Papstes Leo X. im Rione Sant'Angelo eine eigene Synagoge errichten, die als Scola catalana-arogonese bis in die ersten Jahre des 20. Jahrhunderts bestand. Heute erinnert nur noch die Via catalana, eine Parallelstraße zur Via del Portico d'Ottavia, an die spanischen Glaubensflüchtlinge.

Erst in der Epoche der Gegenreformation verschlechterte sich die Lage der Juden in Rom und im Kirchenstaat entscheidend. Die Verhärtung der kirchlichen Politik gegenüber Irrlehren traf die Juden im Jahr 1555, als der ehemalige Großinquisitor Carafa als Paul IV. zum Papst gewählt wurde und schon am 14. Juli ein Edikt erließ, das alle Privilegien und Rechte der Juden mit einem Schlag aufhob und sie zwang, von den Christen abgesondert, in ummauerten Vierteln zu leben, die sie nur tagsüber verlassen durften. In Rom wurde das rechte Tiberufer zwischen dem Cenci-Palast und dem Portikus der Octavia zum Ghetto bestimmt, und die Juden, die bisher in Trastevere und in der übrigen Stadt gelebt hatten, mußten in kürzester Zeit ihre Liegenschaften und Grundstücke verkaufen. Schon am 3. Oktober des gleichen Jahres war auf Kosten der jüdischen Gemeinde eine hohe, breite Mauer mit zwei Toren für den Eingang und den Ausgang um das ganze Ghetto gebaut.

Das päpstliche Edikt setzte auch neue Judenabzeichen fest: Die Männer mußten ein gelbes Barett, die Frauen einen gelben Schleier tragen. Außer dem Handel mit Trödel wurde den Juden jeder andere Handel untersagt; sie durften keine christlichen Diener haben, als Ärzte keine christlichen Kranken behandeln und mit Christen überhaupt keinen Umgang haben. Diese Verordnungen, die von späteren Päpsten teils gemildert, teils verschärft wurden – bis zur Ausweisung der Juden aus gewissen Städten oder zum absurden Verbot für christliche Barbiere, jüdische Kunden zu bedienen –, führten zur vollständigen Verarmung der jüdischen Gemeinde, die während der dreihundert Jahre dauernden Ghettozeit von jedem reellen Erwerb ausgeschlossen blieb.

Schwer zu leiden hatte die jüdische Gemeinde auch unter dem christlichen Bekehrungseifer. Sie mußte nicht nur mit hohen finanziellen Beiträgen für den Unterhalt des Hauses der Katechumenen und der Konvertitenklöster aufkommen, sondern stand auch unter der fortwährenden Bedrohung der Zwangstaufen. Es genügte die einfache Anzeige eines Christen, er habe gehört, ein bestimmter Jude möchte sich taufen lassen, daß der Betreffende mit seiner ganzen Familie aus dem Ghetto geholt und gezwungen wurde, vierzig Tage im Haus der Katechumenen zu verbringen, um dort seinem Irrglauben abzuschwören und das Christentum anzunehmen. Wer »verstockt« blieb, wurde wieder ins Ghetto entlassen, nachdem er oder die Gemeinde die Kosten des Unterhalts bezahlt hatte.

Ein anderes Bekehrungsmittel waren die Zwangspredigten von Dominikanermönchen oder bekehrten Juden, über die der französische Essayist Michel de Montaigne in seinem *Journal de Voyage en Italie* im Jahr 1581 schreibt: »Es sind immer sechzig Juden, die gehalten sind, sich in dieser Kirche am Samstag Nachmittag zur Predigt einzufinden. Der Prediger ist ein sehr berühmter Gelehrter unter ihnen, der aus ihren eigenen Schriften ihren Glauben bekämpft. Das reiche Wissen, das er an den Tag legt und die Sprache, mit der er vorträgt, sind bewundernswert.« Die jüdischen Kirchenbesucher hatten für die Gelehrsamkeit des Konvertiten, dessen Predigt aus ihrer Gemeindekasse bezahlt wurde, allerdings nicht viel übrig: Wie aus den kirchlichen Reglements für diese Predigten hervorgeht, unterhielten sie sich laut miteinander oder verstopften sich die Ohren mit Watte, um die Angriffe gegen ihren Glauben nicht zu hören; viele versuchten auch, die Kirche zu verlassen, sobald sie von den Wächtern registriert waren.

Anfang des letzten Jahrhunderts wurde die Lage der Juden im Ghetto immer unhaltbarer. Obschon die Überschwemmungen des Tibers, das Sumpffieber und andere Krankheiten zahllose Opfer forderten, war das enge Quartier so übervölkert, daß den Bewohnern nichts anderes übrigblieb, als die Häuser durch neue Stockwerke nach oben zu erweitern. In alten Stadtansichten ist das Ghetto durch die ungewöhnliche Höhe seiner Häuser sofort erkennbar. 1848 schrieb der Staatsmann und Schriftsteller Massimo D' Azeglio in der Broschüre *Gli Ebrei sono Uomini* (Die Juden sind Menschen): »Mehr als eine Familie dieser Unglücklichen lebt zusammen in einem einzigen Raum eingepfercht, ohne Unterschied des Geschlechts, des Alters und des Gesundheitszustandes, in jedem Stockwerk bis zum Dachboden und zu den unterirdischen Löchern, die in glücklicheren Wohnungen als Keller dienen.«

1848 gab Papst Pius IX. den Befehl, die Mauern des Ghettos, auch diesmal wieder auf Kosten der jüdischen Gemeinde, niederzureißen, und zweiundzwanzig Jahre später – mit der Eingliederung des Kirchenstaates in den italienischen Staat – erlangten die Juden ihre Gleichberechtigung als Bürger Italiens. 1884 begann man, den Lauf des Tibers zu korrigieren und im Zug der Stadtsanierung den größten Teil der Häuser des Ghettos abzubrechen. Die meisten Bewohner zogen in die benachbarten Straßen, die zwar eng und verwinkelt waren, aber mehr Wohn- und Lebensqualität boten als das abgerissene Quartier.

Das letzte tragische Kapitel der jüdischen Geschichte in Rom begann 1938 mit den faschistischen Rassegesetzen und endete am 16. Oktober 1943 mit der Deportation von 1056 römischen Juden durch die deutschen Truppen. Über diese Razzia, welche die älteste europäische Diaspora-Gemeinde der Judenheit auslöschte, schrieb der italienische Literaturhistoriker Giacomo Debenedetti ein Jahr später einen Bericht als Augenzeuge. Er trägt den lakonischen Titel *Am 16. Oktober 1943* und ist 1993 im Berlin Verlag auf deutsch herausgekommen. Auf Seite 35 heißt es:

»Schon den Gesichtern und der Haltung dieser Juden ist, mehr noch als der Kummer, eine tiefe Resignation anzusehen. Die grausige Überraschung scheint schon nicht mehr zu verwundern. Etwas in ihnen erinnert sich nie gekannter Vorväter, die mit dem gleichen müden Schritt, von Folterknechten wie diesen getrieben, in Exil und Knechtschaft, Marter und Feuertod gegangen waren. Die Mütter, manchmal auch die Väter, halten die Kleinen im Arm, die größeren an der Hand. In den Augen der Eltern suchen die Kinder Geborgenheit und Trost, die diese nicht mehr geben können, was noch viel schrecklicher ist, als Kindern, wenn sie um Brot bitten, sagen zu müssen: Ich habe keins. Im übrigen ist das nur eine Frage der Zeit; wenn man sie nicht vorher umbringt, kommt die Stunde auch dafür.

Manch einer drückt seinen Kindern einen Kuß auf: verstohlen, daß ihn die Deutschen nicht sehen, einen letzten Kuß an diesem Ort, der ihre Geburt, ihr erstes Lächeln gesehen hat. Und einige Väter haben die Hand auf das Haupt der Kinder gelegt, gerade so wie sie zu feierlichen Anlässen den Birchàd Choanim über sie sprachen, der Segen erfleht für die Kinder Israels und Frieden verheißt: *Segne und beschütze dich der Herr . . .«*

Aus Rom hinaus

In Rom findet das literarische Gespräch nicht mehr in Cafés statt wie einst; bei Rosati und Canova an der Piazza del Popolo drängen sich fast rund ums Jahr die Touristen zu Campari und Espresso, und in der nahen Feltrinelli-Buchhandlung an der Via del Babbuino, wo sich in den siebziger Jahren die Schriftsteller und Journalisten trafen, werden nur noch Bücher verkauft. Die beliebteste Form der Geselligkeit ist bei den römischen Intellektuellen nach wie vor die Cena, ein gutes und gepflegtes Abendessen, das gegen zehn Uhr beginnt und zwischen Mitternacht und ein Uhr mit einem Whisky abgeschlossen wird. Die Auserlesenheit von Speise und Trank und die Eleganz des Ambientes hat Ettore Scola in seinem Film *La terrazza* sehr geistvoll karikiert, in dem er ein Abendessen auf einer geräumigen Altstadtterrasse als Rahmenhandlung wählte für fünf Episoden, welche die Lebenskrise progressiver Intellektueller erzählen. Die Terrasse mit Blick auf verborgene Gärten, barocke Fassaden und Kuppeln gehört tatsächlich zum fast obligaten Dekor einer Wohnung in der Altstadt, wo es heute, dank der weitgehenden Sperrung für den Autoverkehr, Oasen des Friedens gibt. Meine erste römische Cena ist mir unvergeßlich, nicht nur wegen der geladenen Gäste, sondern auch, weil ich auf kein Essen gefaßt war. Das war vor ungefähr zwanzig Jahren im Hause Luigi Malerbas bei der Piazza Navona. Man hatte mir vorgeschlagen, abends nach neun Uhr vorbeizukommen, um ein paar Freunde kennenzulernen. Ich hatte das, schweizer Sitten entsprechend, für eine Einladung nach dem Abendessen gehalten und traute meinen Augen kaum, als gegen zehn Uhr Teller mit knusprigem Makkaroni-Gratin auftauchten. Das war der erste Gang eines köstlichen Festmahls, das erst um Mitternacht mit dem Eis und dem Kaffee seinen Abschluß fand. Zu den Gästen gehörten neben Alberto Moravia und Dacia Maraini auch die grünäugige Principessa Soraya, mit der ich mich im Lauf des Abends ein bißchen über den Föhn in Zürich und München unterhielt.

Obwohl die römischen Abendessen so spät angesetzt werden, geht man in Rom nicht spät zu Bett, sondern sozusagen mit vollem Magen. Das Ausgehen überläßt man den jungen Leuten, die ihre Szenelokale in Terasterese und seit einiger Zeit im Umkreis der Piazza Navona haben.

Da zeigt es sich, daß die Römer keine Stadtmenschen sind, sondern verhinderte Landbewohner. Sie träumen fast alle vom Landleben, und wenn sie einen freien Tag, ein Weekend oder Ferien haben, fahren sie unverzüglich aufs Land hinaus, um sich von den Strapazen des Stadtlebens auszuruhen. Und weil die Römer wie alle Italiener nicht besonders reiselustig sind, suchen sie ihre ländlichen Paradiese am liebsten vor den Toren der Stadt, damit sie für Hin- und Rückreise möglichst wenig Zeit verlieren. Auf dem Land decken sie sich auch ein mit hausgemachtem Brot und unverfälschtem Wein, mit frischen Hühnern und Kaninchen, mit gutem Obst und Gemüse, und auf den Wiesen sammeln sie Wildkräuter für den Salat. Auch die vielen Kinder, die im Frühling an den Autostraßen die aromatischen kleinen Erdbeeren vom Nemi-See feilbieten, können auf die Leidenschaft der Römer fürs Frischgepflückte zählen.

Diese Liebe zum Landleben scheint etwas Ansteckendes zu haben: die Ausländer, die für einige Zeit in Rom leben, gewöhnen sich rasch daran, ihr Wochenende in Frascati oder Bracciano, in Bolsena oder Orvieto, in den Albaner Bergen oder am See von Castelgandolfo zu verbringen, wo ja auch der Papst im Sommer wohnt. Sie folgen damit einer Tradition, die in Rom seit der Antike besteht: von Ruinen antiker Villen wimmelt es in Ostia-Antica, Tivoli und Tusculum, und die liebliche Landschaft der Castelli Romani ist immer noch geprägt von den herrlichen Villen, welche die römischen Aristokraten sich im 16. Jahrhundert in der Umgebung von Frascati erbauen ließen.

Damit die Welt staunen möge
Der Palazzo Farnese von Caprarola

Von dort fuhren wir geradewegs nach Caprarola zum Schloß des Kardinals Farnese, von dem in Italien viel gesprochen wird, und ich habe in der Tat in diesem schönen Land kein anderes gesehen, das sich mit ihm vergleichen läßt.« Diese Eintragung machte Michel de Montaigne am 30. September 1581 ins Tagebuch seiner italienischen Reise und ließ eine genaue und konkrete Beschreibung des damals knapp vollendeten Palastes folgen, der ihn als ein Gesamtkunstwerk der Architektur, der Malerei und der Gartengestaltung beeindruckte.

Für die heutigen Italienreisenden gibt es keine Straße mehr, die geradewegs nach Caprarola führt; doch ist das Farnese-Schloß im nördlichen Latium auch einen Umweg wert. Von Rom aus erreicht man es am besten, indem man auf der Cassia gegen Viterbo fährt, nach etwa 50 Kilometern rechts abzweigt und das mittelalterliche Städtchen Ronciglione mit seinem barocken Hauptplatz durchquert; so kommt man nach weiteren 16 Kilometern in die Ortschaft Caprarola, die auf 520 Metern Höhe sehr malerisch auf einem Abhang des Monte Cimino liegt. Die schmale, enge Hauptstraße führt steil und schnurgerade den Berg hinauf, direkt auf die monumentale rote Fassade des Schlosses zu. Erst beim Nähertreten enthüllt sich die räumliche Beziehung zwischen dem Dorf und dem dominierenden Schloß als paradox und schwer durchschaubar: die Zugangsstraße führt durchaus nicht zum Eingangstor, sondern wird in einem Puffer komplizierter Platz- und Treppenanlagen aufgefangen, die Distanz schaffen, Überraschungen verbergen, Kontraste inszenieren. Auf die sanft geschwungenen Rampen, die das Kellergeschoß einrahmen, folgen lange, spitzwinklige Doppeltreppen, und dazwischen öffnet sich, von unten unsichtbar, ein weiter, luftiger Platz, von niederen Mauern mit Steinbänken gesäumt, wo die Männer aus dem Dorf je nach der Jahreszeit an der Sonne oder im Schatten sitzen. Erst auf der obersten Plattform, deren schöne Steinornamente später in der Villa d'Este kopiert wurden, entdeckt man, daß das Schloß eigentlich als Festung angelegt und von einem tiefen Graben umgeben ist: zum Hauptportal führt eine Hängebrücke.

In der Baugeschichte des Palazzo spiegelt sich Zeit- und Familiengeschichte einer bewegten Epoche. Zu Beginn des Jahrhunderts wollte Kardinal Alessandro Farnese der Ältere seinen Familienbesitz in Caprarola militärisch befestigen und beauftragte Antonio da Sangallo mit dem Bau eines fünfeckigen Kastells. Das Werk gedieh aber nicht über das Untergeschoß hinaus, denn 534 wurde Alessandro zum Papst gewählt, was ihm die Möglichkeit bot, sich wirksamer für die Stärkung seiner Familie einzusetzen als durch den Bau einer Festung. Unter dem Namen Paul III. betrieb er einen Nepotismus, welcher der besten Tradition der Renaissance-Päpste würdig war;

schon im ersten Jahr seines Pontifikates verlieh er seinem fünfzehnjährigen Enkel Alessandro, der damals in Bologna studierte, den Kardinalspurpur. Dieser Alessandro wandte sich dann in den fünfziger Jahren wieder dem Caprarola-Projekt seines päpstlichen Großvaters zu, nicht um die Festung zu vollenden, sondern um sie dem Zeitgeschmack entsprechend in ein Sommerschloß umzuwandeln. Seinem Architekten Vignola ist es vorzüglich gelungen, die wuchtige Geschlossenheit des geplanten Kastells in den belebten Fassaden des Palazzo zu bewahren; die ursprüngliche militärische Strenge der Anlage betont und bekräftigt nun die stolze Unzugänglichkeit des Fürstensitzes.

Wie perfekt Vignola das Zeremoniell der Macht in der Architektur inszenierte, zeigt nicht nur der aufwendige Treppenweg von der Straße zum Hauptportal, sondern im Innern des Schlosses auch die Anlage der großen Wendeltreppe, der Scala Regia. Sie führt vom Untergeschoß, wo die Wagen der Besucher ankamen, in unentwegt ruhigem Anstieg zum Piano nobile und zwingt den Ankömmling in die vertikale Spannung zwischen dem dunklen Ort seiner Ankunft und der lichten Höhe, in welcher der Hausherr residiert. Immerhin bietet die Scala Regia, die von dreißig paarweise aufgestellten eleganten dorischen Säulen getragen wird, dem Emporschreitenden auch vielfältigen optischen Genuß, durch den Wechsel der Perspektiven, den Podeste und unregelmäßig eingesetzte Fensteröffnungen im Gleichmaß des Treppenlaufs bewirken und durch die reichen und anmutigen Fresken, die vor allem Landschaften und allegorische Szenen darstellen. Der Blick in die krönende Kuppel suggeriert einen

Blick ins Unendliche, ein Kreisen ohne Anfang und Ende, das in der Spirale seinen Ausdruck findet. Und beim näheren Hinschauen entdeckt man, daß im beziehungsreichen Mittelpunkt dieser Kuppelunendlichkeit das Farnese-Wappen gemalt ist.

Die Wendeltreppe führt nicht direkt in eines der Prunkgemächer des ersten Stocks, sondern mündet in den Arkadengang, der wie im Erdgeschoß den kreisrunden Innenhof umschließt. Dieser Innenhof gehört zu den schönsten Überraschungen des fünfeckigen Baus, obwohl er seine prachtvolle Harmonie einem Kunstgriff verdankt: Die schlichte Balustrade des Piano nobile scheint nur deshalb direkt in den Himmel zu ragen, weil die beiden der Dienerschaft reservierten Geschosse des Palazzo so stark zurückversetzt sind, daß sie den auf Größe und Pracht gestimmten Blick nicht zu stören vermögen. Die Arkadengänge des Hofes sind nicht nur Zugang zur freien Luft, sondern zugleich die Korridore der Wohngeschosse, die ausschließlich durch sie betretbar sind. Sie verschleiern die Grenze zwischen Außen und Innen und bestätigen in ihrem kontrastreichen Helldunkel die labyrinthische Mehrdeutigkeit der manieristischen Konstruktion.

Im perfekten Rund des Innenhofs ahnt man nichts von der ausgeklügelten Symmetrie, welche die Raumanordnung des Piano nobile beherrscht. Hinter der Fassade und den beiden angrenzenden Seiten des Fünfeckes, welche die Vorderansicht des Schlosses prägen, befinden sich die großen Prunk- und Repräsentationssäle, während die kleineren Wohnräume des Kardinals längs der beiden unsichtbaren Gartenseiten angeordnet sind. Diese Trennung zwischen offizieller und privater Sphäre spiegelt sich auch im reichen Freskenschmuck des Hauptgeschosses. Als pompöses Bilderbuch der Familiengeschichte ist die prachtvolle Sala dei fasti farnesiani (Saal der großen Taten des Hauses Farnese) angelegt, welche die Brüder Zuccari zwischen 1560 und 1566 ausmalten. Während im Deckengewölbe die Taten der Ahnen illustriert werden, zelebrieren die Fresken der Seitenwände Schlüsselszenen einer noch sehr nahen Vergangenheit und setzen vor allem den beiden wichtigsten Protagonisten der Dynastie ein Denkmal. Der eine ist der schon erwähnte Alessandro Farnese der Ältere, der als Papst Paul III. die Macht und den Reichtum der Familie systematisch ausbaute: Als würdiger, weißbärtiger Greis tritt er vor allem in seiner Funktion als Familienpolitiker in Erscheinung, der in feierlichen Zeremonien seinem Sohn und dessen Enkeln Titel, Würden und Besitztümer verleiht. Einmal erscheint er sogar als Heiratsstifter, der die Hände seines Enkels Ottavio mit denen Margheritas, der Tochter Kaiser Karls V., vereinigt. Der andere Protagonist der Familiengeschichte ist der Bauherr selbst, der Kardinal Alessandro Farnese, der, ganz frei von falscher Bescheidenheit, in sozusagen allen Fresken des Saals einen Platz als Beobachter, Neben- oder Hauptakteur beansprucht. Im »Saal der großen Taten« hat er sich ein Denkmal zu Lebzeiten geschaffen, das ihn als einen der größten Diplomaten seiner Zeit darstellt. Als Leiter der antiprotestantischen Politik des Heiligen Stuhls sieht man ihn zusammen mit dem deutschen Kaiser an der Spitze eines päpstlichen Heeres reiten, das gegen die Protestanten des Schmalkaldischen Bundes aufgestellt wurde; als Vermittler zwischen dem deutschen Kaiser und dem französischen König Franz I. läßt er sich bei einem prunkvollen Empfang in Paris portraitieren, und ein anderes Gemälde zeigt ihn als päpstlichen Legaten in Worms, wo er von Karl V. und König Ferdinand zu Religionsgesprächen empfangen wird. Über den Charakter des allgegenwärtigen Purpurträgers erfährt man in diesen Fresken allerdings wenig: sein kühles, verschlossenes Gesicht, das von einem gepflegten schwarzen Bart umrahmt wird, drückt nur repräsentative Leere aus.

In genauer Symmetrie zum »Saal der großen Taten des Hauses Farnese« findet sich im westlichen Flügel des Hauptgeschosses der »Saal der Weltkarten«, der ahnen läßt, was für ein universeller Anspruch hinter dem Bau des Sommerschlosses von Caprarola stand. Der Maler Giovanni Antonio da Varese, ein Spezialist seines Fachs, der auch die geographischen Karten im Vatikan geschaffen hatte, wurde vom Kardinal nach Caprarola berufen, um den Stand der Geographie seiner Zeit auf den Wänden des großen Saals festzuhalten: dargestellt sind Amerika, Europa, Afrika, Judäa, Italien und Asien, bei dem Japan als eine kleine Insel erscheint. Dazu kommen die antik stilisierten Porträts der großen Entdecker Maghellan, Kolumbus, Vespucci und Cortez, die damals noch gar keine ruhmreichen Vorfahren waren, sondern vielmehr zur Generation der Großväter gehörten. Der prächtige Saal, in dem das leuchtende Blau von Weltmeeren und Himmelsgewölben dominiert, gibt einen suggestiven Eindruck der Weltkenntnis und des Weltanspruchs einer vergangenen Epoche, und es scheint durchaus folgerichtig, daß der Kardinal 1584 in den Räumen dieses Schlosses die erste Katholikendelegation aus Japan empfing, die eine Reise von dreieinhalb Jahren auf sich genommen hatte, um den Papst in Rom zu besuchen.

Daß der Kardinal schon 1575 – also sechzehn Jahre nach dem Baubeginn – eine Medaille zur Vollendung seines Schlosses prägen lassen konnte, hatte er vor allem seinem persönlichen Einsatz als Bauherr zu verdanken. Aus seiner Korrespondenz geht hervor, mit welcher Energie er sich um alles kümmerte: um den Fortgang der Arbeiten, die Wahl der Maler und Gartenarchitekten und nicht zuletzt um die vollständige und detaillierte Programmierung des Freskenschmucks. Denn die Maler des Palazzo Farnese besaßen nicht die geringste Autonomie; sie waren nur die Ausführenden eines Gesamtplanes, dessen Themen, Figuren und Szenen der Kardinal mit den Intellektuellen seines Hofstaates entwarf und festlegte. Sein Ehrgeiz war es, nicht nur ein schönes Schloß zu bauen, sondern diesem Schloß auch den Stempel seiner Persönlichkeit und seiner Weltanschauung aufzuprägen oder, wie es in einem Brief heißt, den Palazzo so zu bauen, »damit die Welt staunen möge«.

Sein Hauptberater war Annibal Caro, einer der gebildetsten und liebenswürdigsten Schriftsteller der Epoche, dessen vorbildliche Aeneas-Übersetzung noch heute in den italienischen Schulen verwendet wird. Caros Briefe an den Maler Taddeo Zuccari sind erhalten und bezeugen eindrücklich, wieviel Wissen, Phantasie und Sorgfalt in die Planung der einzelnen Räume investiert wurden. Man stimmte den Freskenschmuck nicht nur auf die Verwendung der Zimmer ab, sondern setzte auch die einzelnen Szenen und Figuren zueinander in Beziehung und berechnete in subtiler Weise sogar die Reihenfolge, in welcher sie vom Bewohner oder Besucher wahrgenommen werden. Ein schönes Beispiel dafür ist die Stanza d'Aurora, das Schlafzimmer des Kardinals, dessen Bildprogramm in einem ausführlichen Brief des Schriftstellers an den Maler erörtert wird. Darin heißt es: »Auf der Konsole zwischen der rechten Seite und der Vorderseite wird es sinnvoll sein, Harpokrates, den Gott des Schweigens, zu malen, damit er sich auf den ersten Blick jenen darbietet, die aus dem großen Freskensaal eintreten und sie auffordert, keinen Lärm zu machen.« Daß es aber nicht nur darum geht, den Schlaf des Kardinals nicht zu stören, zeigt die letzte Figur, auf die der Blick vor dem Verlassen des Zimmers fällt: es ist Angerona, die Göttin des Geheimnisses, von der Caro schreibt: »Sie wird jene, die das Zimmer verlassen, ermahnen, alles, was sie gehört oder gesehen haben, geheimzuhalten, wie es sich für diejenigen gebührt, die vornehmen Herren dienen.«

Um die einzigartigen Gärten des Palazzo zu besichtigen, braucht man eine Bewilligung der zuständigen Behörde. Es lohnt sich, bei der Soprintendenza delle antichità e belle arti del Lazio ein entsprechendes Gesuch zu stellen; denn der hinter hohen Mauern verborgene Park ist ein wesentlicher Bestandteil der ganzen Schloßanlage und bildet als erlesener Spielraum privater Geselligkeit ein Gegengewicht zum offiziellen Repräsentationsanspruch des Palazzo.

Die sogenannten unteren Gärten sind als riesige symmetrische Quadrate den Gartenseiten des fünfeckigen Schlosses vorgelagert und lassen sich von den privaten Gemächern des Kardinals zu ebener Erde, über zwei Hängebrücken betreten. Es sind klassische italienische Gärten, mit geometrischen Bosketten, Kieswegen, Zypressen und schönen Brunnen. Von ihnen steigt man zu den oberen Gärten durch einen lichten, etwas verwilderten Kastanienwald, bei dem man nur noch ahnt, daß seine Bäume einst in regelmäßigen Abständen von Gärtnern gepflanzt wurden. Auf einmal lenkt eine lange Tannenallee den Blick auf das Casino, das kleine Lustschloß, das sich der Kardinal als sommerliche Zufluchtsstätte am Abhang des Monte Cimino bauen ließ. Die doppelte Loggia der Fassade und die schnurgerade Zugangsachse erinnern für einen Augenblick an die steil aufs Schloß zustrebende Dorfstraße von Caprarola. Der Gartenarchitekt hat den vertikalen Aufstieg jedoch in einer Weise gestaltet, die in scharfem Gegensatz steht zu den distanzschaffenden Treppenanlagen der Fassade. Er verzaubert und verkürzt den Weg zum Casino durch ein herrliches Arrangement von Brunnen, Grotten und Kaskaden, in dem sich der Aufstieg der steinernen Treppen mit dem abwärtsplätschernden Wasser zum harmonischen Widerspiel verbindet.

Die gelöste und heitere Atmosphäre des Gartens drückt sich auch in seinem bildhauerischen Schmuck aus, der ohne antike oder christliche Reminiszenzen auskommt und eine spielerische und witzige Phantasie zum Ausdruck bringt, die von fern an den Park der Monstren von Bomarzo erinnert. Das gilt für die Brunnenmasken mit ihren vielfältigen Grimassen, für die Seepferde und Einhörner, die nicht wie Fabelwesen, sondern wie harmlose gesunde Rößlein aussehen, für die munteren Delphine und vor allem für die achtundzwanzig überlebensgroßen Karyatiden, welche die weite Terrasse des Casinos auf drei Seiten säumen. Es sind Frauen und Männer, die sich mit antikisch drapierten Hüften aus einem Säulenschaft erheben und auf dem Kopf große Urnen tragen. Keine der Figuren gleicht der andern, doch haben alle ausgesprochen ländliche Züge, und man kann sich gut vorstellen, daß es Bauern und Bäuerinnen aus der Umgebung sind, die sich auf dieser Terrasse in Säulenform versammelt haben: der eine trägt zufrieden lächelnd ein Schäfchen im Arm, der andere bläst in ein Horn, und in einer Ecke sind zwei Säulenfrauen so nahe zueinandergerückt, daß sie miteinander schwatzen können. Die Patina des Verfalls, die über dem Ganzen liegt, erhöht noch den Reiz der schönen Gärten. Die Wasserspiele funktionieren nicht mehr, weil die Pumpen kaputt und die Metallröhren von den Mäusen angeknabbert sind. Moos und Efeu sind im Vormarsch. Doch im großen, von Flußgöttern umlagerten Brunnenbecken glänzt Wasser, auf dem zwei Schwäne schwimmen. Auch Pfauen spazieren auf der Terrasse vor dem Casino, und auf den Rasenflächen weiden Schafe.

Die roten Tage von Tropea oder Wie man Tomaten für den Winter einmacht

Nach dem Fest von Mariä Himmelfahrt am 15. August, wenn Büros und Fabriken in Italien ihre Pforten schließen und Arbeiter und Angestellte in den Ferragosto entlassen, beginnen für die Hausfrauen Mittel- und Süditaliens die arbeitsreichen Tage des Tomaten-Einmachens. Mitten in der Hundstagehitze versammeln sich Familien, Verwandte und Nachbarn, um den wichtigsten Wintervorrat der italienischen Küche nach allen Regeln der Kunst zuzubereiten. Der Zeitpunkt wird von der Tomatenreife diktiert. Die Tomaten, die man in Süditalien zwischen Mitte und Ende August erntet, sind feuerrot, durch und durch reif; ihr Fleisch ist zart, aromatisch und im Geschmack wunderbar reich, weil sie eine Spur von Säure enthalten, die den faderen Sorten abgeht, die im Norden gedeihen. Für einen Salat aus diesen Tomaten braucht man keinen Essig; nur gutes Olivenöl, eine Prise Salz und ein paar Blätter Basilikum.

Wenn die Tomatenpreise ihren saisonalen Tiefpunkt erreicht haben und das Kilo nur noch 500 bis 600 Lire kostet, ist die Zeit zum großen Einmachen angebrochen. Wir erleben sie im kalabresischen Tropea, einer intakten Kleinstadt mit agrarischem Hinterland. Sie liegt auf einem

Felsen, der steil ins Tyrrhenische Meer abfällt. Wer eigene Tomatenfelder hat, fängt im Morgengrauen mit dem Pflücken an; manche beginnen aber auch schon am Spätnachmittag und pflücken in der kühleren Nacht weiter. Auf der Zufahrtsstraße zum Marktplatz steht jeden Morgen eine lange Reihe von Lastwagen, die mit Tomaten aus der näheren oder weiteren Umgebung beladen sind. Viele kommen auch aus den angrenzenden Provinzen Apulien und Kampanien. Wer hier Tomaten zum Einmachen kauft, hat Menge und Preis meist schon im voraus mit den Händlern vereinbart. Weniger als hundert Kilo kauft hier keiner. Soviel braucht man für den Wintervorrat einer Kleinfamilie. Und wenn sich fünf Familien zusammentun wie die Brüder und Schwestern Giuseppes von der Bar *del Cannone*, so werden an einem langen und heißen Augusttag auf dem Niemandsland zwischen Neubauten und Meer zehn Doppelzentner frische Tomaten zu roter Sauce verarbeitet.

Eine rationale Begründung gibt es für die Tomatenorgie nicht: Auch wenn man vom Preis der Arbeitsstunden absieht, die von Hausfrauen, Töchtern, Großmüttern und Tanten geleistet werden, kommt die selbsteingemachte Tomatensauce kaum billiger zu stehen als die Tomatenkonserven der Nahrungsmittelindustrie. Auf die Frage nach dem Sinn der anstrengenden Arbeit bekommt man immer wieder die stolze Antwort, die eigenhändig hergestellte Sauce sei ein reines Naturprodukt, während die Dosentomaten der Industrie durch chemische Zusätze, sprich *porcherie* (Schweinereien), haltbar gemacht würden. Das ist zwar, wenn man den Pelati-Fabrikanten glauben will, ein Märchen, da auch die Industrietomaten nur sterilisiert werden. Das Mißtrauen gegenüber Fertigprodukten ist jedoch in Süditalien tief verwurzelt. Das gilt auch für Wurstwaren, wie uns ein kalabresischer Fachmann bestätigt: Parmaschinken und Mortadella zum Beispiel werden aus Norditalien nach ganz Europa exportiert, während sie in Süditalien keine Marktchance haben.

Wie wichtig der familiäre Tomatenritus im ganzen Mezzogiorno ist, zeigt eine Meldung in der Tageszeitung *Il Manifesto* vom 19. August 1993, die schildert, wie der Mafiaboß Natale Badalamenti im sizilianischen Dorf Partinico verhaftet wurde, während er seiner Mutter beim Tomaten-Einmachen half: »Die Polizisten stürmten das Haus, das Badalamentis Mutter bewohnt und trafen im angrenzenden Garten eine friedliche kleine Familie: Großmutter, Söhne, Töchter und Enkel, die damit beschäftigt waren, Tomatenkonserven herzustellen. Unter ihnen auch Natale Badalamenti, der keinen Widerstand leistete, sondern den Polizisten mit höflicher Geste Flaschen mit Tomatensauce anbot.«

Die Geste des Mafiabosses gehört zur Kultur der mediterranen Gastfreundschaft. Bei allen Familien, die wir besuchten, wurden wir mit frisch eingemachten Tomaten beschenkt. Und darüber hinaus mit Honig, Trauben, Feigen, selbstgebackenem Brot, Wein, in Öl eingemachten Auberginen und feuerroten Peperoni, die zum Trocknen auf einen Faden aufgereiht werden.

Den größten Eindruck macht uns Maria La Torre, die mit ihrem Mann, drei Töchtern und zwei Söhnen etwas außerhalb von Tropea ein Landgut von wahrhaft paradiesischer Schönheit bewirtschaftet. Hier gibt es nicht nur Tomatenfelder, Gemüsebeete und meterhohe Basilikumrabatten, sondern auch üppige Bäume und Sträucher, die hie und da den Blick aufs Meer freigeben. Hier wachsen Zitronen, Feigen, Oliven, Granatäpfel, Mandarinen, Orangen, violette Maulbeeren und kleine grüngelbe Bananen, die ein apartes zartsaures Aroma haben. Das große rechteckige Wasserreservoir sieht aus wie ein verlassener Tempel, weil sich auf zwei Seiten und in der Mitte des blinkenden Wassers steinerne Säulen erheben, die vom dichten Weinlaub einer Pergola überdacht sind. Im schattigen Hinterhof stehen die sorgfältig sortierten Tomaten in großen Kesseln bereit, und die jüngste Tochter, die von 7 bis 14 Uhr in der Stadt als Babysitter gearbeitet hat, ist daran, die schönsten und reifsten Früchte quer durchzuschneiden, auf einen Schilfrost zu legen und die Schnittflächen mit grobem Meersalz zu bestreuen. Sie werden auf der Terrasse an der prallen Sonne getrocknet, was mindestens zwanzig Tage dauert. Nachts trägt man sie stets ins Haus zurück, damit ihnen die Luftfeuchtigkeit der sich verlängernden Augustnächte nicht schaden kann. Wenn sie trocken, aber immer noch fleischig und aromatisch sind, schichtet man sie mit Olivenöl, Peperoncini, Lorbeerblättern und Knoblauchzehen in Gläser ein.

Die zweitschönsten Tomaten werden zu Pelati verarbeitet. Dabei zeigt sich, daß im üppigen Lustgarten der Familie La Torre strenge Sparsamkeit herrscht. Man taucht die Tomaten zum Schälen nicht wie anderswo zwei Minuten in heißes Wasser, damit die Haut sich vom Fleisch löst, sondern verwendet eine archaische und effiziente Methode, die Wasser und Energie spart: Die reifen Früchte werden mit der stumpfen Seite der Messerklinge leicht massiert, was die Haut lockert, so daß man sie ohne weiteres mit den Fingernägeln abziehen kann. Mein Angebot, beim Schälen zu helfen, wird gern angenommen, und bald ärgere ich mich, daß ich bei der Arbeit viel weniger flink bin als Maria La Torre und ihre älteste Tochter, die sich mit ihrem dreijährigen Sohn zu uns gesetzt hat. Gar nicht zu reden von den Tomatenspritzern auf meinen Kleidern. Da bin ich allerdings keine Ausnahme; niemand kommt unbefleckt aus der Freiluft-Tomatenküche. Im Laufe des Nachmittags rinnt immer mehr Tomatenwasser auf den Steinboden im Hof; die jungen Mädchen stehen mit ihren Zoccoli in der roten Flüssigkeit, die Mutter geht barfuß durch die Tomatensaftrinnsale. Wir erfahren, daß heutzutage nicht mehr viele Hausfrauen sich die Mühe nehmen, echte Pelati einzumachen. Diese kostbare Konserve verwendet man denn auch nie für die Tomatensauce, sondern nur in kleinen Mengen für Pizza, geschmorten Fisch oder ein Fleischragout.

Auch die eigentliche Tomatensauce wird bei La Torres aus ungekochten Tomaten hergestellt: Man schneidet die Früchte in Hälften, drückt Saft und Samen heraus und passiert sie durch die süditalienische – elektrische oder von Hand betriebene – Tomatenspezialmaschine. Dabei werden Häute und restliche Samen zurückgehalten, während die Sauce über ein breites Blech in große Kessel fließt. Sie wird leicht gesalzen und durch einen Trichter in Flaschen gefüllt, in die man zwei Basilikumblätter legt. Dann drückt man den Flaschen einen Kronenverschluß auf und schichtet sie zum Sterilisieren in große Behälter, meist ehemalige Öl- oder Benzinfässer.

Eine Tochter bietet uns ein großes Glas voll frischen Tomatensafts an; er schmeckt unvergleichlich gut, was vielleicht damit zusammenhängt, daß man die ausgepreßten Häute und Samen zwei- bis dreimal durch die Maschine treibt, bis sie den letzten Rest ihres Aromas abgegeben haben. Dann erst werden sie den Haustieren verfüttert. Als wir gegen Abend den Kaninchen, Rebhühnern, Fasanen und Schweinen einen Besuch machen, leuchten uns aus allen Ställen und Käfigen die vitaminreichen roten Tomatenreste entgegen.

Ein anderer Zyklus ländlicher Sparsamkeit ist unterdessen auf dem abgeernteten Tomatenfeld im Gang: Die beiden Söhne und der Schwiegersohn sammeln die drei Meter hohen Bambusstützen ein, reißen die Tomatenstauden aus und verbrennen sie in einem großen Feuer, dessen Rauch langsam über dem Abhang schwelt. Am nächsten Tag wird das Feld bewässert und schon am übernächsten pflanzt man anstelle der Tomaten Broccoli, Blumenkohl und Fenchel für die erste Herbsternte.

Wenn alle Tomaten in der Flasche sind, beginnt im Hof das große Finale. Man füllt die Fässer bis zum Rand mit Wasser und entfacht unter ihnen ein Feuer, das zuerst mit allem Verbrennenswerten genährt wird, mit Zeitungen, Kartons, kaputten Stühlen und am Ende mit

Holz. Damit die Flaschen sterilisiert werden, muß das Wasser aufkochen und eine halbe Stunde auf dem Siedepunkt bleiben. Dann läßt man die Flamme allmählich herunterbrennen; die Flaschen bleiben bis zum nächsten Morgen im Wasserbad.

Während die Mutter über das Feuer wacht, laden die drei Töchter den Photographen und mich in die Küche ein und bewirten uns mit selbstgebackenem Sauerteigbrot, hausgemachter frischer Schweinswurst und Wein. Als wir das Haus verlassen, sehen wir, daß der Vater ganz allein und friedlich unter einem Baum neben dem Eingang sitzt, Wein trinkt und dazu Brot und Schafskäse verzehrt.

Später haben wir bei andern Familien auch andere Einmachszenarien gesehen. Was sich überall gleichbleibt, ist der Schlußakt des Sterilisierens, in den rauchgeschwärzten Fässern, bei dem sich die Hitze des Feuers und der Dampf des kochenden Wassers mit der Scirocco-Schwüle der letzten Augusttage so intensiv verbinden, daß einem vom bloßen Zuschauen der Schweiß ausbricht. Verschieden ist dagegen die Vorbereitung der Sauce: Die Tomaten werden von den meisten Hausfrauen nicht roh durch die »Macchinetta« gepreßt, sondern zuerst in großen Kupfer- oder Eisenkesseln ein wenig gekocht. Hauptgrund für diese Methode ist wohl die Hygiene, wenn man bedenkt, daß zum Waschen der Tomaten und zum Spülen der Flaschen ausschließlich kaltes Wasser verwendet wird. Man möchte verhindern, daß es im Lauf des Winters in den Flaschen zu gären beginnt. Das Schreckgespenst der explodierenden Tomatenflaschen taucht in vielen Gesprächen auf.

Ausweichende oder widersprüchliche Antworten bekommt man auf präzise Fragen. Wie lange werden die frischen Tomaten gekocht? Wie lange sterilisiert man sie? Wie lange sind sie haltbar? Die dreiundachtzigjährige Teresa Bagnato hält zwanzigminütiges Sterilisieren für genügend, während Giuseppes Tante für zwei Stunden plädiert; dann könnten die Konserven ohne weiteres drei Jahre überdauern. Ob das einen Sinn hat, kümmert sie nicht; man spürt in ihrer Begeisterung fürs Sterilisieren etwas vom Mythos des langen alchimistischen Kochens, welches das Naturprodukt zur Essenz läutert.

Uneinigkeit herrscht auch über die Tomatenmenge, die man für eine Pasta al pomodoro verwendet. Antonietta behauptet, für ihre vierköpfige Familie brauche sie jedesmal eine Literflasche; ihre Söhne haben die Sauce so gern, daß sie die Reste mit Brot auftunken wollen. Bei den Zutaten wird Knoblauch nie erwähnt, dafür immer Zwiebeln, was damit zusammenhängt, daß in der Umgebung von Tropea eine in ganz Italien berühmte süße rote Zwiebelsorte angebaut wird.

Weit in die Vergangenheit zurück führt uns das Gespräch mit dem Ehepaar Pugliese in Ricadi, von dessen Landgut aus man sehen kann, wie die rote Abendsonne neben dem schwarzblauen Vulkan der Insel Stromboli ins Meer versinkt. Die alten Leute, die zehn Jahre ihres Lebens in Amerika gelebt und gearbeitet haben und wieder nach Kalabrien zurückgekehrt sind, erzählen, wie sie in ihrer Jugend Flachs und Hanf gepflanzt, gesponnen und gewoben haben, und ihre Tochter zeigt uns die schön gemusterten

Küchentücher aus Leinen, die noch aus jener Zeit stammen. Von ihnen erfahren wir, daß das Sterilisieren der Tomaten gar nicht so alt ist, wie der von Sizilien bis in die Toskana verbreitete familiäre Ritus vermuten läßt. Noch ihre Großeltern ließen die reifen Tomaten einfach an der Sonne trocknen und stellten die Sauce für die Teigwaren her, indem sie das konzentrierte Tomatenmark in einem Pfännchen mit heißem Olivenöl auflösten. Das Sterilisieren von Früchten und Gemüsen, das auf den Erkenntnissen Louis Pasteurs basiert, hat sich ja auch bei uns erst vor ungefähr hundert Jahren im Haushalt durchgesetzt.

Und wenn man es sich recht überlegt, hat nicht nur das Einmachen der Tomaten eine relativ junge Tradition; auch die Tomaten, die uns heute als unerläßliche Essenz der italienischen Küche vorkommen, tauchen in der Geschichte der Gastronomie unseres Nachbarlandes erst relativ spät auf. Die Küche der italienischen Renaissance kennt Artischocken und Spargel, Oliven und Fenchel, Kaviar und Austern, nicht aber die Tomaten. Sie wurden wie die Kartoffeln von den spanischen Entdeckern nach Europa gebracht und vorerst in botanischen Gärten als Zierpflanzen gezogen. Die ersten Tomatenrezepte stammen aus dem 18. Jahrhundert; zu einem wichtigen Faktor der Landwirtschaft und einem unentbehrlichen Bestandteil der nationalen Küche wurden die Tomaten aber erst zu Beginn des letzten Jahrhunderts.

Diese Tomatenreportage hat eine ironische Schlußpointe, die nicht verschwiegen werden soll. Für die erste Tomatensauce nach meiner Rückkehr aus Kalabrien öffne ich eine hausgemachte Konserve aus Tropea und zum Vergleich eine Dose Pelati der Firma De Rica. Das Resultat ist eindeutig: die Industrietomaten schmecken viel frischer und aromatischer als diejenigen aus Tropea. Wahrscheinlich liegt es daran, daß das industrielle Sterilisierungsverfahren schonender und effizienter ist: 10–15 Minuten bei einer Temperatur von 70–80° genügen, während die hausgemachte Sauce viel zu lang im kochenden und danach im heißen Wasser der Fässer liegenbleibt. Die Fans der Cucina italiana casalinga, denen ich meine Erfahrung erzähle, sagen alle, das könne nicht stimmen – und falls es stimmen sollte, sei es besser, darüber zu schweigen. Warum aber sollte man sich nicht freuen, wenn die Technik für einmal dem mühsamen Kochhandwerk überlegen ist?

Quellennachweis

Die Feuilletons von Alice Vollenweider erschienen von 1976 bis 1996 in der *Neuen Zürcher Zeitung*.

Erstmals in Buchform erschienen sie 1983 im Verlag Huber Frauenfeld unter dem Titel *Ich werfe eine Münze in den Brunnen*.

Der vorliegende Band versammelt eine Auswahl daraus, die ergänzt und aktualisiert wurde und enthält zudem jene Feuilletons, die seither ebenfalls in der *Neuen Zürcher Zeitung* erschienen sind.

Das Vorwort von Luigi Malerba wurde für die italienische Übersetzung dieses Buches geschrieben, das 1990 bei Casagrande in Bellinzona erschienen ist. Es wurde von Sandro Benini übersetzt.